圖解 台灣迎媽祖

一生必走一次的朝拜之旅

吳漢恩、楊宗祐◎著

晨星出版

推薦序一
熱鬧滾滾「痟媽祖」

　　「三月二三痟媽祖」形容臺灣人對媽祖信仰的瘋狂，每逢媽祖聖誕「鬧熱滾滾」，但是現在臺灣人對媽祖的瘋狂已經不僅止於千秋聖誕，每年農曆春節信眾川流不息、爭相奉拜，已經蔚為臺灣節慶的重要景觀。

　　臺灣中部是媽祖信仰的重鎮，因為中部地區不只媽祖廟多，而且是區域性的媽祖祭典組織分布最密的地區，許多所謂的二十四庄，三十六庄，五十三庄，七十二庄等媽祖信仰組織密集性的分布在臺灣中部地區。但是其實較早創建的媽祖廟是在南部，因為開發較早之故，如臺南大天后宮、臺南水尾仔開基天后宮、安平天后宮、鹿耳門天后宮、鹿耳門聖母廟，但是臺南以外，南部地區一個比較不為人知的媽祖信仰中心是高雄燕巢的角宿天后宮，是南部許多廟宇前往進香的主要目的地。臺灣北部近年來由於苗栗白沙屯媽祖進香活動的崛起，以及臺北地區媽祖文化節活動的展開，也不斷的熱絡起來。媽祖信仰在臺灣，隨著兩岸媽祖的熱潮，媽祖信仰在傳承民俗藝文活動的意義逐漸顯著，越發興盛，也越發隆重。2013 年北港朝天宮舉辦了一個世界媽祖會北港的活動，雖然這是一個造作出來的活動，但是臺灣人想要以媽祖信仰在世界上提高能見度的雄心，卻是昭然若揭。

　　這本《圖解臺灣迎媽祖》是楊宗祐先生和吳漢恩先生合作所撰寫的有關臺灣北、中、南部重要的「迎媽祖」活動的介紹與圖解。楊宗祐先生畢業於臺北大學民俗藝術研究所，對臺灣的民俗廟會不僅有學術的專研，也有實務的經驗，也曾經做過「府城迎媽祖」的研究案，寫起有關媽祖的信仰與活動，可謂駕輕就熟。吳漢恩先生曾任臺南市古蹟導覽解說發展協會總幹事，對於解說員帶領觀眾的現場考察，以及對參訪者可能產生的問題會有第一線導覽者的敏銳度，在本書中帶領讀者悠遊臺灣各地「迎媽祖」的活動，讀者當可享受充分被導覽而興起更多探究的興致。讀者諸君，盍興乎來！

作序於南港中研院民族所

2014.1.27

推薦序二
瞭解媽祖遶境活動的最佳指南

　　每年的農曆三月，從大甲媽祖遶境活動開始，北從新北市南到屏東縣，各地皆陸續有媽祖遶境的慶祝活動，也吸引了十數萬名的信徒徒步參與。對臺灣人而言，媽祖遶境活動是一項宗教信仰活動？是一項宗教觀光活動？還是承載了臺灣人的記憶、民俗信仰和生活的文化資產？

　　對於四周環海的臺灣來說，由於早期以農漁業立國，居民必須靠天吃飯，因此媽祖信仰與民眾日常生活息息相關，舉凡祈福、消災、生子等生活大小事無不前往廟宇祈求、尋求平安和指引，而此信仰歷經千百年來隨著環境變遷的演變，相關的祭典、儀式、陣頭和遶境活動都成為重要的文化資產。自從文化資產保存法頒布施行後，臺灣各界開始逐漸重視文化資產，並藉由各項活動的舉辦，結合文化與觀光、文化與創意，讓民眾更加認識文化資產的重要性和其內涵。其中，大甲媽祖遶境活動自從被交通部觀光局列入臺灣十二大民俗宗教活動後，串連大甲鎮瀾宮至新港奉天宮間的媽祖廟擴大舉辦，結合大台中地區的觀光資源，將傳統民俗文化、外來文化的內涵融入其中，至今已讓「大甲媽祖國際觀光文化節」成為國際性的文化活動。

　　然而對多數人來說，媽祖遶境活動是一項熱鬧的宗教盛會，其繁複的儀式、陣頭等讓人眼花撩亂，常有摸不著頭緒之感，更遑論對於其內涵和意義的瞭解。本書《圖解臺灣迎媽祖》系統性的介紹全臺灣各地著名的媽祖遶境活動，對於其沿革、內涵、儀式、陣頭、建築和相關寺廟都有詳細解說，雖然是介紹文化資產，但本書描述極為生動，以貼近生活的方式，透過一個個小故事，帶領讀者將熟知的歷史故事人物與現存的各項儀式禮節相連結，讓這些儀式都變得生活化。另外並配合相關圖片和插畫，增添本書的趣味性和易讀性。透過本書，可更全面瞭解媽祖遶境活動的發展歷程，各地遶境活動的特色和歷史背景，儼然是瞭解媽祖遶境活動的最佳指南。

陳建彰

南臺科技大學 休閒管理系

作者序一
行腳土地，重新尋回初心的信仰體驗

鐵板沙連到七鯤，鯤身激浪海天昏；任教巨舶難輕犯，天險生成鹿耳門。
——《裨海紀遊》清 郁永河

　　《裨海紀遊》的作者郁永河是這樣形容臺灣史中的早期開發地——安平的鹿耳門溪口，而我就是來自這充滿歷史文化的土地，生長在這樣的環境中，因此熱愛這片土地上的各項令人感動的文化資產。這個地方也是數百年前，大部分的唐山公過臺灣時面臨的挑戰關卡。臺灣這塊新天地，對於這些移民而言，永遠有著未知的挑戰與財富等著他們。其中，最險峻的第一關，就是這生死未知的「黑水溝」（臺灣海峽），也因此堅定的宗教信仰，成了漂洋過海的過程中在海上生存下來的憑藉。如今航海技術已經大大改善，而當時憑藉的宗教力量也逐漸演變成為日常生活中面臨各項瑣碎事務時的諮詢對象。更珍貴的是這股宗教信仰與常民文化，由於數百年來的演變，現更昇華成為豐富生活美學的文化資產。

　　從事文化資產的觀察守護、調查撰述及相關文化行政工作已有將近十年的時間，現在守護、蒐集、調查、研究成了面對文化資產時第一階段努力的志業，而將自己所蒐集調查得到的相關資料撰成圖文作品，並努力將其宣傳行銷出去，則成為第二階段要努力的工作，如今《圖解臺灣迎媽祖》正是抱持這樣的心情努力所得。

　　最後，本文能夠順利完成，當中有許多無法理解的超自然力量在幫助我，我相信這是媽祖在冥冥之中的護佑。另外非常感謝大甲鎮瀾宮劉小姐及助理朱先生除提供照片外，更協助校對；白沙屯媽祖婆網站駱調彬老師協助提供照片；友人黃虎旗、謝瑞隆、周志明協助提供照片、相關資料的諮詢；也感謝伸港福安宮曾主委提供相當多的媽祖相關祈福品要來贈送給親愛的回函讀者，並且感謝許許多多在撰寫期間許多專家學者、師長的協助和指教，讓本書可以順利付梓。

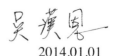

2014.01.01

4

作者序二
媽祖慈悲，諸神感應

　　「媽祖」是臺灣民間信仰中相當重要的神祇之一，每年從農曆二月初開始，從南到北，便開始絡繹不絕的媽祖「慶生」活動，一直延續到農曆三月二十三日媽祖生日之後，整整一個月餘，因而有「三月痟媽祖」的俗諺。

　　從小對於廟會活動便十分熱衷，從愛看、模仿，一直到後來的研究、探討，總是離不開廟會、離不開宗教信仰，而家鄉臺南安南區的信仰，除了廟宇數量最多的保生大帝外，其次便是天上聖母──媽祖。十餘年前，首度踏入地方文史的研究工作，便是緣起於擔任「鹿耳門天后宮」的文化志工，更因此與媽祖結下一段善緣，冥冥之中，也埋下了參與本書撰寫的「種子」。

　　2013年春天，昔日一同參與社區營造的文史好友──漢恩兄來訪，便提到想要寫一本蒐集、討論媽祖節慶的專書，除了介紹目前知名的迎媽祖活動外，希望能藉由從「看熱鬧」角度，把北、中、南各地的大型媽祖慶典作詳盡的介紹。短短一年的時間，雖然只負責北臺灣及南臺灣（臺南），但豐富的廟會資源與主題，一時間也難以取捨，所幸在出版社編輯──胡文青大哥的幫忙下，總算雛形底定，北部以新興的官方迎媽祖「北臺灣媽祖文化節」為主軸，而南部則以歷史悠久的「府城迓媽祖」及「鹿耳門天后宮台江迎神祭」為介紹主題。

　　希望透過淺顯易懂的文字敘述與圖片，讓更多人瞭解媽祖節慶活動，也期待讓讀者從不同的角度看廟會，以後碰到廟會活動，不再只是看熱鬧，而是「看門道」。最後，感謝撰寫期間，各宮廟及專家學者、協力攝影的朋友們的協助與指教，無法逐一羅列親自致謝，僅此表達至忱謝意，同時更感恩媽祖默祐，讓稿件在最後關頭「出世」，並得以順利付梓。

2014.01.01

目次

圖解一覽就懂

九天八夜大甲媽遶境示意圖

手繪插圖搭配精采照片，以全知鳥瞰式的視覺觀點，穿插日夜行程，綜覽九天八夜的大甲媽遶境活動，讓讀者一覽就懂迎媽祖的所有行腳與過程。

導言

媽祖與媽祖信仰源流　

重點介紹媽祖的故事、媽祖顯聖的傳說、媽祖歷代褒封、臺灣媽祖信仰歷史淵源以及流傳、各地媽祖廟重要迎神遶境等活動。有關媽祖眾多靈驗的事蹟傳說，加上其慈悲為懷、救苦救難的女神形象，塑造了溫柔婉約、克盡孝道、救濟世人的神格特性，媽祖信仰也成為臺灣在地最普遍的民間信仰之一。

北臺灣

北臺灣
迎媽祖活動大觀

北臺灣媽祖文化節——臺北府城的歷史縮影與回顧　

原清代官祀臺北府天后宮「金面媽祖」等全國宮廟神尊，穿越北城門，重返臺北城天后宮遺址。

南臺灣 南臺灣 迎媽祖活動大觀

其他 迎媽祖活動大觀

跟著大甲媽遶境九天八夜

早從日治時代就開始的大甲媽祖遶境進香，是台灣民間信仰中最負有盛名的迎神賽會活動，也是深具本土代表性的台灣傳統節慶。尤其進香回程更是遶境活動的最高潮，這一天在大甲鎮街上條條馬路幾乎都擠得水洩不通，且家家戶戶都會宴客慶祝，正印證媽祖信仰的群眾魅力。近年來舉辦的「大甲媽祖國際觀光文化節」，參與信徒的人數已將媽祖這項民間信仰晉升為名列全世界三大宗教活動之一，更讓台灣成為全世界媽祖信仰的重鎮，成功打響國際知名度。

鑽轎腳

媽祖遶境□□□□跪於地□□□□腳」，其□□□□厄運。但□□□□有八卦□□□□

神明要從□□□時所乘坐□□□而媽祖的□□□配置從外□□□文轎有轎□□□轎，但有□□□

17

【啓程前】

大甲媽鑾轎於深夜十一點由鎮瀾宮起駕。信徒雙手皆爭相觸摸，素有雨水媽稱號的大甲媽，民國一〇二年起駕這天，天降甘霖，為苦旱大地解渴，八萬名信徒，仍冒雨恭送。

18 自行車隊

自行車隊是進香隊伍之一，不做表演，以壯觀場面為首要任務，但龐大的陣容、整齊的裝扮、排場，極具可看性。

【Day9】

第九天回鑾大甲鎮瀾宮。大甲媽祖於晚上八時五十五分進入大甲後，迎駕信眾比送駕人潮還要多，加上大甲鎮家家戶戶幾乎都舉辦流水席，當天湧進的十多萬外地食客，在吃完飯後，也夾在人群中向媽祖神轎膜拜，並陪同媽祖在市區遶境，全鎮熱鬧歡騰，宛如不夜城。

1 報馬仔

報馬仔原是類似軍中的斥候或放哨、偵察、刺探敵情的人，即「探子馬」，在進香團隊中是當做媽祖的先鋒官，每到一廟宇由報馬仔先行向各廟主神報告鑾轎已到。他的滑稽裝扮每每令人留下深刻的印象。

2 頭旗、頭燈

頭旗代表主神之令，在沿□□行進外，並向所有前來恭□□接禮。「頭燈」位在頭旗前□□進香團的眼睛，也代表光明□□中間旗色正黃，兩側正藍□□間黃旗代表媽祖。

期間，沿途總有不少民眾伏
_成一長排隊伍等待「鑽轎
目的是為了消除業障並驅除
孕婦不能鑽轎腳，因神轎上
怕會傷害到胎神。

_所在廟宇出發前往其他地方
_的交通工具，稱為「神轎」。
_坐乘屬文轎，文轎、武轎的
_觀上來看，最大的差別在於：
_頂，武轎則無。媽祖雖坐文
_一特別名稱：鳳輦。

【Day1】

第一天駐駕彰化南瑤宮。南瑤宮
媽祖有「彰化媽蔭外方」之美名，
是中台灣的重要歷史古廟，現為彰
化縣政府指定之縣定古蹟。

執士隊，或稱「執事隊」，所持
物有「長腳牌」及「執事牌」兩種
長腳牌為一木牌，而執事牌是執
任務用的各式兵器。

媽祖鑾轎

15 涼傘

涼傘是給媽祖沿途遮陽歇涼
之器，古代稱為「萬民傘」，
別名「華蓋」，是古代帝王
出巡時為其遮陽之用

12 三十六執士隊

13 轎前吹

轎前吹是「鼓吹陣」的
一種，專為神轎開路之
用。樂器包括嗩吶、通
鼓、小鈔（鐃鈸）等。

16 令旗

兩支令旗分別位於
媽祖鑾轎之左右兩
側，具有除煞驅魔
闢邪降妖的功用。

14 馬頭鑼

馬頭鑼為兩面鑼，位於
涼傘前左右兩側，平時
單擊十一下，緊接著兩
下急促敲擊表示神轎即
將停駕，或媽祖將起駕。

_ 三仙旗

_上除引導隊伍
_的陣頭、隊伍
_側，代表整個
_。「三仙旗」
_為頭旗副手中

3 開路鼓

大甲媽遶境進香時的開
路鼓，是最簡便的音樂
性陣頭。

4 駕前隊伍（頭香、貳香、參香

每年農曆一月十五日「元宵節」，向「大甲媽
決定遶境的起駕日期後，由財團法人大甲鎮瀾
事代表，貼出「頭香」、「貳香」、「參香」之
「搶香」者再回貼一張即告完成。進香過程中，
貳香、參香享有優先參拜插香之權利。

導言

媽祖與媽祖信仰源流

眾多靈驗的事蹟傳說，加上其慈悲為懷、救苦救難的女神形象，塑造了溫柔婉約、克盡孝道、救濟世人的神格特性。媽祖與媽祖信仰也成為臺灣在地最普遍的民間信仰之一

緣起

媽祖信仰是臺灣在王爺及土地公信仰外最普遍的民間信仰之一，起因於明清時代，臺灣的漢民族大部分由中國東南沿海地區度過凶險的黑水溝（臺灣海峽因有黑潮流經而稱之）而來，而臺灣由荷治、明鄭時期開始，歷經荷西的東亞海上貿易活動，同時又有始於顏思齊的明鄭王朝武裝海商集團，這些全球化的國際海上活動，讓媽祖的影響力由福建湄洲開始外傳。

澎湖馬公天后宮匾額

文化部目前授證的國家重要民俗中，與媽祖有關的信仰即占了三項，分別為：大甲媽祖遶境進香、白沙屯媽祖進香與北港朝天宮迎媽祖。而在民國九十八年（2009）十月海峽對岸的媽祖信仰亦被聯合國教科文組織（UNESCO; United Nations Educational, Scientific and Cultural Organization）選定列入第四批人類非物質文化遺產代表作名錄。

有關媽祖生前各項靈驗的事蹟傳說，加上其慈悲為懷、救苦救難的女神形象，塑造了強調母姓溫柔婉約、克盡孝道、救濟世人的神格特性。這樣鮮明的女神特性，在中國長達數千年的父系社會中，特別被推崇和信仰，也可見其宗教位階在民間備受尊崇。

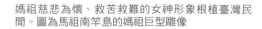

媽祖慈悲為懷、救苦救難的女神形象根植臺灣民間。圖為馬祖南竿島的媽祖巨型雕像

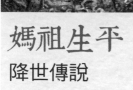

媽祖生平
降世傳說

關於媽祖的身世眾說紛紜，媽祖神誕日期大部分公認是每年的農曆三月二十三日，但神誕年代則說法不一，多集中於五代到宋初間，且神話與史實落差甚鉅。傳說媽祖乃宋代泉州府莆田人氏，按《聖蹟圖誌》或《天妃顯聖錄》所載，媽祖生於宋太宗元年（960），在中國歷史上最動盪的年代裡，短短的五十三年歷史中，兵馬倥傯、民不聊生，連當官的也都朝不保夕，紛紛遠離這混亂的宮廷世道，回歸樸實的田園生活。世居福建莆田湄洲島的官宦子弟林維愨（別名惟慤[音卻]），官至福建都巡檢，夫妻樂善好施卻人丁單薄，只單傳一子洪毅，又因洪毅多病、身體虛弱，於是虔誠向觀世音菩薩祈求再賜子嗣，一日其母酣睡中，夢見天地異紫，雲彩祥和，滿室異香不散，突見觀世音菩薩腳踏蓮花從天緩緩而降，面露慈光對王氏說：「林家世代積德行善，當行慈濟之報」，說完便賜予藥丸（或謂優缽花），王氏吞食後遂感有身孕，懷胎十四個月，原本希望再添一男丁，卻產下女嬰，但觀音大士已有預言，加上出生時的天地異象，讓他們相信這女孩絕非泛泛之輩。令人奇異的是媽祖出世後逾月不哭，故取名為「默」。

民國九十七年十月馬祖南竿馬港天后宮舉辦媽祖昇天祭廟埕前

林默自幼聰敏好學且朝夕禮佛，五歲會念〈觀音經〉，八歲時上私塾讀書，對於文章字句都能融會貫通，到十二歲時，經史子集均已讀完。而後更得到玄通道人授予「玄微祕法」，又窺井得神人之「銅符」乃精通驅妖除魔之術。嗣後林默降服桃花山之妖怪高明（千里眼）與高覺（順風耳），並收為部將。後來在二十八歲那年重陽節，受玉帝來詔得道升天。另，清康熙三年張學禮《使琉球紀》中記載，媽祖林默「為父投海身亡，後封天妃。本朝定鼎，尚未封」，其原由乃林默二十八歲時因父兄駕船駛至閩江口海域，遇風浪船毀人溺，林默為救父兄投海罹難，後來傳聞她的遺體隨海漂流至閩江口附近的小島（據說即今日馬祖的南竿島），被漁民打撈上岸，並將她葬在海岸邊。湄洲島的鄉親一度以為媽祖失蹤沒下落，故稱她已羽化昇天成仙，且為感念其孝心，遂蓋廟紀念她的孝行。經後代學者查知，媽祖葬於現今馬祖南竿馬港天后宮宮內靈穴石棺中，且興廟供奉媽祖世代相傳至今。馬祖地名也因此而來，媽祖也成為馬祖居民最重要的信仰。

相傳媽祖默娘的遺體漂流至馬祖南竿島附近，被漁民葬在海邊，即今天的南竿馬港天后宮內靈穴石棺中

奇聞軼事

與袁枚、蔣士銓並稱江右三大家（又稱乾隆三大家）的清朝歷史學家趙翼曾記下了一個很有趣的媽祖傳說。若遇海難向神明呼救時，稱「媽祖」，媽祖就會立刻素顏來救人。若稱「天妃」則媽祖必須施以胭脂水粉、盛裝打扮，雍容華貴地珊珊而來，所以會晚點才到。故在海上都僅稱「媽祖」或「婆祖」，而少以「天妃」、「天后」稱之，即希望媽祖在聞聲救苦時能立刻來拯救海難中的船隻。而其他的奇聞軼事更是流傳廣遠，試舉例如下：

窺井得符

相傳媽祖林默十六歲的時候，有一次，與一群女伴出去遊玩，當她對著井水照粧時，一位後面跟著一班神仙的神人捧著一雙銅符，擁井而上，把銅符授給她，一起玩的女伴們都嚇跑了，而林默則接受銅符，並不懷疑。林默接受銅符後，靈通變化，符咒避邪，法力日見神通，以至常能神遊，騰雲渡海，救急救難，人們稱為是「神姑」、「龍女」。

伏機救父

林默十六歲時，有一回兄長洪毅就要同父親駕舟渡海北上，一家人在海灘上為他們送行。林默早先答應要送兄長一幅百子圖

馬祖南竿媽祖雕像，手持點燈、普渡慈航的形象

13

織錦，並告訴洪毅「百子已織了九十，還有五雙，三天后定可織完。」但在織錦時一度神遊夢中，夢裡林默看見巨浪濤天，父親和兄長的船幾乎就要被海浪吞沒，她急忙伸手搭救，抓住父親和兄長要往岸邊游去。然而，織布機旁的母親看到林默神色有異，不斷呼叫著她醒來。林默醒來後放聲大哭，直言兄長因她回魂鬆手而墜海。父親回到家中，悲痛地陳述海難的發生及不幸。母親才知林默所言屬實，但已無可挽回。林默悲泣，於是發願日後定要拯救危難中的海上漁民。

焚屋引航

有一回，臨近半夜時，林默在睡夢中依稀聽到海上傳來呼隆的風浪聲。被驚醒來後，她馬上跑到海邊的崖石旁，只見排空濁浪中，漂浮著數點白光，還隱約傳來呼救聲。她知道，那一定是船隊迷失航向被風暴困住了，且出海引航已來不及了，林默立即轉身跑回家，把油燈摔向屋檐，點了火，茅屋頓時燃起了熊熊火光。湄洲島上的沖天火光照得很遠很遠，被困在海面的船隊也見到了。受困的船隊最後把船開進秀嶼港，終於化險為夷。第二天天一亮，船隊上的羅馬商人們就上岸要去答謝放火引航的人。他們來到林家，看那一片殘垣斷壁，什麼都明白了。羅馬商人感激不已，紛紛解開錢囊，掏出一把把金幣，要林默重修房屋。林默一點也不收，她比著手勢說：「房屋馬上就會修好的，請放心吧！」果然不一會兒，全島的鄉親們都趕來了，有的帶木頭，有的帶瓦片，人人動手蓋厝。不過幾個時辰，一座新樓立在眼前了。

帆髻示志

湄洲附近海岸各漁村，有些上了年紀的婦女，都還梳着一种很特別的帆髮髻，當地人稱為「冠」。相傳這種髮髻是林默設計的，她生前最喜歡這個樣子的梳妝，因此人們稱為「媽祖髻」。傳說林默生得十分標致，十八歲那年，父母正為她的婚事操心，林默卻無緣無故酣睡了三天三夜。醒來後，她打了三盆水、洗了三次頭髮，然後把自己關在閨房裡，慢慢地

梳理。她先把頭髮分成左、中、右三部分，然後把中間部分梳成螺髻，接着再梳左右兩邊。最後在髮髻中間插一根銀針，針上繫一條紅線，整整梳了三天三夜。當她梳好頭髮，打開房門站在家人和街坊鄰居面前的時候，大家都看呆了，只見林默變得如此撫媚！眾人紛紛向林默請教梳法，她就把梳法教給大家。後來，湄洲島及其北岸各漁村的漁女們一旦要出嫁，就會梳這種帆形髻，表示她們對媽祖的虔誠敬意。

民國九十七年馬祖南竿馬港天后宮媽祖昇天祭，參與的女性即梳成帆形髻髮型

大道公鬥法媽祖婆

　　大道公即保生大帝，又稱吳真人，長於醫術，俗名吳夲（夲：音「滔」），和媽祖林默同為宋代人，亦生於福建。或許正因為地緣上的相近以及朝代上的相同，再加上兩人也都未婚即升天，因此譜出一段戀情。傳說天上諸神有意為兩人撮合姻緣，有一次兩人在祭典中巧遇，因此談起戀愛，甚至論及婚嫁。然而，就在婚嫁前夕，媽祖無意間看見母羊生產時的痛苦，想到婚後若生子也會經歷這般疼痛，因而萌生悔意，取消婚

敏明姑娘（保生大帝姊姊）

保生大帝

王舍人（保生大帝姊夫）

製藥童子

中壇元帥

採藥童子

相傳保生大帝與媽祖有過一段姻緣，惜未修成連理。
圖為祀典興濟宮保生大帝

事。莫名被退婚的大道公心有不甘，一氣之下，每逢媽祖誕辰（農曆三月二十三日）出外遶境時，大道公就作法降雨，故意要洗去媽祖臉上的脂粉，讓媽祖顯得狼狽。但媽祖也不甘示弱，每逢大道公誕辰（農曆三月十五日）巡境時，就施法颳起強風，讓保生大帝的帽子掉落，儀容不整。臺灣民間因此有句「大道公風，媽祖婆雨」的諺語，兩人鬥法鬥個沒完，但其實說明的是農曆三月多風多雨的景象。此時節正值梅雨季節來臨之際，天氣狀況並不穩定。此外，「媽祖婆雨」的傳說也顯示迎媽祖的時候常常會有雨水相伴的現象。

收服宴公

相傳媽祖林默在世時，海上有一怪物叫晏公，時常在海上興風作浪，弄翻船隻。有一天，媽祖駕船駛到東部大海，怪物又開始興風作浪，媽

「媽祖婆雨」是每年媽祖遶境最常見的氣候。
圖為大甲鎮瀾宮鎮殿媽祖聖像／禿鷹提供

祖乘坐的船隻搖晃的非常厲害。媽祖即令拋錨，見前方波濤中的舟上有一「金冠繡袖、掀髯突睛」之海妖在作怪。媽祖不動聲色，掀起狂風巨浪與之抗擊，晏公害怕媽祖的神威，於是趕緊逃離。但怪物一時為法力所制有所不服，又變成一條神龍怪，繼續興風作浪，媽祖說到：「此妖不除，風波不息」，終於制服晏公。後來媽祖命令晏公統領水闕仙班（共有十八位），護衛海上船民，晏公即成為媽祖部下總管。

鐵馬騁海

相傳有一天，媽祖林默要渡海，可是沒有船隻，這時候，林默見旁邊屋檐前懸有鐵馬，於是靈機一動，取之揮鞭，鐵馬奔海風馳而去，待人上了對岸，忽然之間，鐵馬無影無蹤，旁邊的人無不驚嘆「龍女」的神通廣大。

湄峰祈雨

二十一歲那年，莆田地方大旱，縣尹向媽祖林默告急，請求祈雨，媽祖向蒼天祈雨，並說壬子日申刻就會下大雨，時辰一到，原先上午晴空無雲，毫無下雨的徵兆，時辰一到突然大雨滂沱而下、普降甘霖，因此媽祖更加深得鄉民愛戴。

菖蒲怯病

相傳媽祖林默在世時，有一年，莆田瘟疫盛行，縣尹全家也染上了疾病，有人告知縣尹林默有解難之法力。於是，縣尹親自拜請林默，林默念他平時為官不壞，加上他是外來官，告訴他用菖莆九節煎水飲服，並將咒符貼在門口。縣尹回去後遵囑施行，疾病立即痊愈。

相傳菖蒲具有怯病功效，也是端午節常見的民俗植物

媽祖昇天

馬祖地區有歷史記載，某日林默的父親出海捕魚，不幸遇風罹難，林默痛不欲生，乃投海尋父，卒負父屍漂流至南竿島。居民感其孝而立廟，為今日馬港天后宮之前身，馬祖即因此而名。馬祖之名的來源，普遍有兩種說法，一說是為避媽祖名諱，乃改為「馬祖」；另一說則是軍管時期，軍方認為「媽祖」無法突顯出戰地前線精神，故去「女」字邊，增加剛猛之氣。媽祖聖誕現已成為馬祖每年重要祭典。

臺灣的媽祖傳說

臺灣一地的傳說大概都發生在近代，第二次世界大戰期間，百姓們在烽火連天的臺灣焦土上，常常聽到空襲警報就要躲，想要一個安穩的家，並不是那麼容易的事，所以始終需要媽祖這樣的一個傳奇神話；聞聲救難、

民國九十七年馬祖南竿馬港
天后宮媽祖昇天祭活動

解救萬民於水深火熱中的傳奇故事，便這樣開始傳頌。例如美軍空襲時，有民眾看到媽祖在天空上用裙擺來接下空投炸彈。又如大甲有傳說二次大戰期間，盟軍投下兩顆炸彈在大甲街上，一顆炸燬火車站一帶；一顆未爆彈落在媽祖廟旁的市場邊。當時大家只見空中一道聖光由廟中飛出，說時遲那時快，炸彈就落到市場邊而沒有炸開，空襲過後大家到廟中一看，發現鎮殿媽祖的雙手是張開的，百姓便流傳是鎮殿媽祖飛向空中接住砲彈，才使大甲鎮瀾宮附近一帶沒有受到炸彈爆炸而損壞。另外，朴子配天宮也有同樣的故事，二戰期間盟軍丟了一顆炸彈在朴子街上水塔附近，一樣由配天宮中飛出一道聖光，傳聞是媽祖用裙擺將炸彈接住丟入朴子溪中，使得朴子街免受戰火的波及。其他如臺北關渡宮、雲林西螺福興宮、彰化縣埤頭合興宮、屏東萬丹萬惠宮等地也有相似的傳說。

　　此外也有媽祖讓信徒起死回生的傳說。北港朝天宮、大甲鎮瀾宮、彰化南瑤宮、新港奉天宮都有媽祖顯靈讓兒童死而復活的神蹟，傳說大意是：有一虔誠的女香客揹著兒子一齊去遶境，在進香途中其子因某種原因突然暴斃，女香客不得已暫時將其屍首借放廟方後面草寮中，待回程時再做處理。不料回程時竟遍尋不到其屍首，待女香客返抵家門，竟見其兒正在門口遊玩。詢問其經過，孩童說是有一位阿姨帶他回家，乃知是媽祖顯靈讓小孩死而復活。眾所皆知，人死當然不能復生，此一神蹟乃喻示媽祖之神通廣大，能使死者復活。

朴子配天宮

朴子配天宮媽祖聖像

媽祖乩身，附寫符文。
攝於朴子配天宮

歷代褒封

　　從宋徽宗到清咸豐皇帝為止，媽祖受各代皇帝褒封多次，由「夫人」、「妃」、「天妃」，直至「天后」。媽祖默娘因「既昭慈濟，德侔天地」，常受歷代皇帝褒封，其封號由宋高宗紹興二十五年（1155）首次褒封「崇福夫人」開始，光宗紹熙元年（1190）加封「靈惠妃」。元朝時世祖至元十八年（1281）誥封「護國明著天妃」。明代成祖永樂七年（1049）因鄭和上疏加封「護國庇民妙靈昭應弘仁普濟天妃」。清朝康熙二十三年（1684）聖祖帝改封媽祖為「天后」，世宗雍正四年（1726）再進封為「天上聖母」，最後，穆宗則於同治十一年（1872）詔誥最後的封號共計六十六字「護國庇民妙靈昭應弘仁普濟福佑群生誠感咸孚顯神贊順垂慈篤祐安瀾利運澤覃海宇恬波宣惠導流衍慶靖洋錫祉恩周德溥衛漕保泰振武綏疆嘉佑天后之神」，而成為少數能受四個朝代累封超過四十次的重要神祇。

大天后宮鎮殿媽祖

歷代褒封情況如下：

宋朝

宣和五年（1123）

宋徽宗賜
「順濟廟額」

紹興二十六年（1156）

宋高宗封
「靈惠夫人」

紹興三十年（1160）

宋高宗加封
「靈惠昭應
夫人」

乾道二年（1166）

宋孝宗封
「靈惠昭應
崇福夫人」

淳熙十二年（1184）

宋孝宗封
「靈慈昭應崇福
善利夫人」

紹熙三年（1192）

宋光宗詔封
「靈惠妃」

慶元四年（1198）

宋寧宗封
「慈惠夫人」

嘉定元年（1208）

宋寧宗封
「顯衛」

嘉定十年（1217）

宋寧宗封
「靈惠助順顯衛
英烈妃」

嘉熙三年（1239）

宋理宗封
「靈惠助順嘉應
英烈妃」

寶祐二年（1254）

宋理宗封
「靈惠助順嘉應
英烈協正妃」

寶祐四年（1256）

宋理宗封
「靈惠協正嘉應
慈濟妃」

開慶元年（1259）

宋理宗封
「顯濟妃」

景定三年（1262）

宋寧宗封
「靈惠顯濟嘉應
善慶妃」

新港奉天宮牌匾

元朝

至元十五年（1278）

元世祖封
「護國明著靈惠
協正善慶顯濟
天妃」

至元十八年（1281）

元世祖封
「護國明著
天妃」

接下頁

續上頁

至元二十六年（1289）

元世祖封
「護國顯佑明著
天妃」

大德三年（1299）

元成宗封
「輔聖庇民明著
天妃」

延佑元年（1314）

元仁宗加封
「護國庇民廣濟
明著天妃」

天曆二年（1329）

元文宗封
「護國庇民廣濟
福惠明著天妃」

至正十四年（1354）

元惠宗
（元順帝）封
「輔國護聖庇民
廣濟福惠明著
天妃」

鹿港天后宮牌匾

明朝

洪武五年（1372）

明太祖封
「昭孝純正孚濟
感應聖妃」

永樂七年（1409）

明成祖封
「護國庇民妙靈
昭應弘仁普濟
天妃」

鹿港天后宮牌匾

清朝

康熙十九年（1680）

清聖祖封
「護國庇民妙靈
昭應弘仁普濟天
上聖母」

康熙二十三年（1684）

清聖祖封
「護國庇民妙靈
昭應仁慈天后」

乾隆二年（1737）

清高宗封
「妙靈昭應宏仁
普濟福佑群生
天后」

嘉慶五年（1814）

清仁宗封
「護國庇民妙靈
昭應弘仁普濟福
佑群生誠感咸孚
顯神讚順垂慈篤
祐天后」

道光十九年（1839）

清宣宗封
「護國庇民妙靈
昭應宏仁普濟福
佑群生誠感咸孚
顯神贊順垂慈篤
祐安瀾利運澤覃
海宇天后」

咸豐七年（1857）

清文宗封
「護國庇民妙靈
昭應宏仁普濟福
佑群生誠感咸孚
顯神贊順垂慈篤
祐安瀾利運澤覃
海宇恬波宣惠道
流衍慶靖洋錫祉
恩周德溥衛漕保
泰振武綏疆天后
之神」

臺灣媽祖的源流

媽祖信仰是臺灣普遍的民間信仰之一。由於早期漢人移民多自中國福建渡海而來，早年漂洋過海開拓新地謀生不易，或在驚濤駭浪中經商為業，或捕魚維持生計。因為古代科學落後，舟舶設備簡單，時遭危難。這樣，媽祖就成為他們的精神寄託，信徒們認為航海風雲不測，只要虔誠祈禱媽祖，便可以逢凶化吉、化險為夷。加上臺灣四面環海，海上活動頻繁，但人類卻對於大自然力量的未知，因此自宋元以來，媽祖跟隨華僑或漁民，足跡遍及東南亞、東北亞和我國臺灣、香港地區，而且凡配有中國水手的各國輪船中，大部分都奉祀媽祖。媽祖成為臺灣人除土地公及王爺信仰外最普遍信仰的神明之一。

北港朝天宮保存的早期隨船媽祖「船仔媽」

1930 年代的北港朝天宮／胡文青提供

25

藝閣花車上的小朋友

　　媽祖信仰傳到臺灣以後，逐漸發展出屬於自己的特色。在中國自宋代的女神轉變到清代的天后，其緣故乃因海上活動的發展造成信仰的普及，再者又因政治的炒作才日漸蓬勃。唐山過臺灣之初仰賴海運，而蠻荒地帶新闢之初又是「三年一小反」、「五年一大亂」，治理臺灣的各時期政治實體也都會拉攏媽祖，以證明自己政權的合法性與行為的正當性。是故傳說中媽祖曾經協助鄭成功擊退荷蘭人，又曾幫助施琅打敗明鄭，再助清廷平定林爽文、蔡牽之民變，但這些傳說都只是統治者利用媽祖信仰鼓舞士氣、籠絡民心，減少人民反抗最有力的託詞。

因此有學者認為媽祖已發展出與中國媽祖不同的文化特性：「『媽祖』在中國福建南方原只是『出海護佑的媽祖』，僅是海運者的守護神。」但在臺灣的媽祖已成『移民者的媽祖』，祂在歷史上不僅已脫離中國移民者心目中祈求平安到臺灣的過海守護神，更是在開墾土地的過程中負責管理各項事務的神明。隨著移民入墾臺灣漸眾，媽祖的職責也有所轉化，如防止「番害」、驅逐瘟疫、防颱救災和協助農牧等新的職務也因應而生。而在二次大戰期間，許多地區都盛傳媽祖承接盟軍炸彈的神蹟，也有媽祖巡視海岸的傳說，因此媽祖還承攬國防和海防業務。現在媽祖又關注信徒的健康、考試、事業和感情等所有問題（如朴子配天宮的媽祖兼負責信徒的生育大事），媽祖已不僅是漁民、船員的守護神，儼然成為臺灣人的全能守護神。因此實際上臺灣媽祖可以說已紮根於這塊土地，成了獨立於中國媽祖外，自成體系的臺灣本土神祇。

媽祖聖誕期間，遶境路線上隨處可見辦桌筵席

早期臺灣的媽祖按分靈祖廟可分為湄洲媽、溫陵媽與銀同媽，媽祖的造型則是按「媽媽的形象」來塑造。隨著移民時間久遠，目前各地的媽祖廟除幾處的開台媽外，大多數的媽祖廟皆由臺灣本土廟宇所分靈，因此媽祖名號也有北港媽、大甲媽、鹿港媽、關渡媽、松山媽及新港媽等在地化的稱謂，而中國在文化大革命之後，各種宗教信仰因被視為舊思惟，在文革的除四舊的過程中，傳統信仰已蕩然無存，因此臺灣才成為了媽祖的新故鄉。

　　明末延平郡王鄭成功，帶兵驅逐了占據臺灣的荷蘭殖民侵略者。隨他遠征的將士大多數是閩南人，以後遷來臺灣的百姓，也是閩南人居多。明代水師早有奉祀航海保護神媽祖的習慣，主帥鄭成功曾親躬祈祝媽祖以庇護進攻順利，恰遇鹿耳門水漲，舟師順利通過。相傳明天啟四年（1624）顏思齊入台後，在鹿港碼頭上曾建一茅火小廟，叫做「啟仔港天妃廟」。至鄭成功渡台後，劃分土地派兵開墾，又招漳、泉、惠、潮等地人民來台從事墾拓，並派人修理媽祖廟。永曆十九年（1676）鄭經派劉國軒率兵駐守，並在鹿港南岸另建一座奉祀媽祖的「興安宮」，於是鹿港開始有了新舊兩座的媽祖宮。媽祖被榮稱「開台媽」。

　　康熙二十二年（1683）六月靖海將軍施琅，駐兵莆田平海，由湄洲恭請媽祖神像護軍，由於平海「師泉井」涌泉濟師，和七鯤身海戰的神助，施琅親書「師泉」，刻立碑文〈師泉井記〉於平海天后宮。至康熙二十三年平定臺灣，由鹿港班師凱旋，他的族侄施世榜懇留媽祖寶像永駐鹿港奉祀，施琅從之，親奉媽祖寶像入「鹿仔港王妃廟」親書「撫我則後」匾額，特別是有自湄洲祖廟由施琅分爐過去的「開台媽」。

鹿港天后宮牌匾

28

鹿港天后宮鎮殿媽祖
／禿鷹提供

「師泉井記」碑

「師泉井記」碑，清康熙二十一年（1682）立，福建水師提督施琅撰。全文 454 字，楷書，記天妃宮井泉濟師事蹟，篆額橫書「師泉井記」四字。碑石高 280 厘米，寬 97 厘米，鑲嵌於莆田市平海天后宮壁上。

　　雖然媽祖信仰的起源地是大陸，但此信仰在大陸只是一個地方性質的信仰，然而，當此信仰傳到臺灣以後，卻已經改頭換面而成為整個臺灣島香火最盛的神祇之一，正如有學者言：「『媽祖』在大陸福建南方原是『出海媽祖』，只是漁民的守護神。但在臺灣的媽祖已成『過海媽祖』，她在歷史上已成離開唐山的移民祈求平安到臺灣的過海守護神。臺灣媽祖可以說已紮根於這塊土地，成了一部獨立於大陸媽祖之外的本土神明」。

鹿港天后宮

朴子配天宮媽祖神像

北臺灣
迎媽祖活動大觀

——北臺灣媽祖文化節
——臺北府城的歷史縮影與回顧

蘆竹龍德宮迎媽祖
——新興的媽祖徒步進香活動

苗栗白沙屯拱天宮迎媽祖
——風格最特殊的媽祖進香活動

臺北府城的歷史縮影與回顧

　　一個由官方主導的新興「民俗節慶」——「北臺灣媽祖文化節」，其源起可追溯至光緒元年（1875）臺北府建城開始，當時臺北府下設一縣三廳，與臺灣府並立；光緒十一年（1885）臺灣建省，改設三縣一廳，至光緒十三年（1887）增設南雅廳（今桃園大溪），涵蓋範圍包括現今的臺北市、新北市、基隆市、桃園縣、宜蘭縣、新竹縣及新竹市等地。光緒十四年（1888）臺灣首位巡撫劉銘傳，於臺北府城後街南端奉旨敕建「天后宮」奉祀媽祖，為臺北府官建媽祖廟。歷經時代更迭，原廟被日人拆毀，神像流落至三芝（小基隆）福成宮。一直到民國九十三年，為慶祝建城一百二十周年，在文史研究者高賢治先生的考證及各界士紳建議下，舉辦「恭迎原清代官祀臺北府天后宮金面天上聖母神像金身回臺北城」，至民國一〇二年正好屆滿十週年。

清代臺北府天后宮舊址位於今臺北二二八紀念公園內國立臺灣博物館所在地

「北臺灣媽祖文化節」祭禮

　　光緒元年（1875）臺北府建城，當時下設一縣三廳與臺灣府並立；光緒十一年（1885）臺灣建省，改設三縣一廳，至光緒十三年（1887）增設南雅廳（今桃園大溪），涵蓋範圍包括現今的臺北市、新北市、基隆市、桃園縣、宜蘭縣、新竹縣及新竹市等地。光緒十四年（1888）臺灣首位巡撫劉銘傳，於臺北府城後街南端奉旨敕建「天后宮」奉祀媽祖，又稱「臺北大天后宮」。

　　天后宮主祀天上聖母，由於屬官建媽祖廟，故媽祖金身為金面以示其崇榮地位，且信徒多為地方官員，舉凡是新任或去職前，皆須到此頂禮膜拜，以祈風調雨順、國泰民安、政恭人和。就建築規模來看，根據文獻記載，樓高為挑高式兩層樓建築，正面九開間，整體面積呈正方形，約三千多坪，建築主體約有七百九十五坪，為當時全臺極具規模的媽祖廟，與當時臺北府的文廟、武廟並稱「臺北府三大廟」；此外，當時城內尚有「府城隍廟」，原址約在武昌街（今省城隍廟），與前述三廟同屬臺北府四座官建廟宇。

「臺灣省城隍廟」之省城隍爺

　　光緒二十一年（1895），甲午戰爭清廷戰敗，割讓臺灣予日本統治，天后宮部分建物被日軍徵用，做為臨時「辦務署」；明治三十五年（1902），二度被日人徵用，移做學校校舍及宿舍，明治三十七年（1904）改為國語學校；

日治時期美術家石川欽一郎畫新公園內舊臺北府天后宮／胡文青提供

1908 年新落成的總督府博物館，今國立臺灣博物館
／胡文青提供

時隔四年，在明治四十一年（1908），日人為興建博物館及公園（即今臺灣歷史博物館及 228 和平紀念公園），遂將天后宮全數拆除，神像則移至臺北廳倉庫放置。

大正三年（1914），媽祖金身被三芝人黃見龍（時任三芝庄長祕書）發現，後由當時的三芝庄長曾石岳向日本政府申請，移祀三芝供奉，並由地方士紳倡議建廟，大正八年（1919）落成後，始將原府天后宮金面媽祖迎入宮中，續延香火，並被信眾尊稱為「二媽」。直到民國九十三年，臺北市政府舉辦慶祝建城一百二十週年紀念活動時，金面媽祖終於回到睽違一百餘年的舊廟址，也揭開了「北臺灣媽祖文化節」的序曲。

參與「北臺灣媽祖文化節」迎接臺北天后宮金面媽祖的隊伍。圖為新港奉天宮迎接媽祖鑾駕

北臺灣媽祖文化節

　　民國九十三年臺北市政府為了規劃「慶祝建城一百二十周年」活動時，在文化界及宗教界人士建議下，經文史研究者高賢治先生的嚴謹考證後，徵得小基隆福成宮的同意，遂由臺灣省城隍廟負責辦理「恭迎原清代官祀臺北府天后宮金面天上聖母神像金身回臺北城」民俗慶典活動。

　　臺北市政府民政局，為承續這段百年因緣，並做為臺北城發展的歷史見證，於民國九十五年起，擴大辦理「北臺灣媽祖文化節」，除了依例恭迎金面媽祖回城作客外，更邀請北臺灣各縣市媽祖廟，共同參與會香踩街活動。鑑於參與宮廟愈趨熱烈，也為了更多民眾重新認識傳統廟會的魅力與文化內涵，於建國百年之際，開始以跨縣市合作的方式輪流主辦，而參與的宮廟，也由起初的二縣五座廟宇，增加到十一個縣市（2013），共四十座宮廟參與，可謂盛況空前。

　　歷年以來，負責主辦的宮廟計有：臺灣省城隍廟（2004）、松山慈祐宮（2005）、關渡宮（2006）、臺北天后宮（2007）、南港富南宮（2008）、小基隆福成宮（2009）、古亭南福宮（2010）、竹北天后宮（2011）、基隆慶安宮（2012）及板橋慈惠宮（2013）等，共計十座宮廟。此外，各廟宇所屬縣市政府民政局，亦都積極參與，並列為共同主辦或合辦，可說是臺灣民俗活動發展史上，官民合作辦理大型民俗活動的成功案例之一。

「北臺灣媽祖文化節」迎回金面媽祖

「北臺灣媽祖文化節」北臺灣各地區天后宮廟
共襄盛舉

重返臺北府天后宮舊廟址紀念儀式
（以民國一〇二年北臺灣媽祖文化節為例）

01 啓駕 ｜ 活動當天清晨，由臺北市政府民政局長、新北市政府民政局長及小雞籠福成宮主任委員、執事人員等，共同焚香祝禱，並恭請金面媽祖金身登轎。隨後，在大批信眾的促擁下，驅車前往臺北市，於舊臺北城的北門等候接駕。

在地方官員及信眾護持下，金面媽祖將要回到舊臺北府
／林柏伸提供

金面媽祖鑾轎，抵達臺北舊北門下，等候接駕

02 接駕儀式

由省城隍爺神轎為前導，帶領臺北市長、臺北市政府民政局長、新北市政府民政局長等，至北門外恭迎「臺北府天后宮」金面媽祖回鑾臺北城，並於供設香案，邀請來自全臺各地四十餘座參與宮廟代表，共同上香接駕。儀式完畢後，以省城隍廟神轎為首，依序為新港奉天宮、臺北關渡宮及板橋慈惠宮之陣頭神轎，帶領金面媽祖繞行至臺北府天后宮舊廟址（今臺灣歷史博物館廣場），舉行紀念祈安儀式。

由臺北市長郝龍斌帶領信眾及各宮代表，迎接媽祖進城

為了迎接金面媽祖回家，迎駕隊伍中的藝陣，無不卯足全力，熱情相迎／林柏伸提供

曼妙的舞者，迎接金面媽祖回城／林柏伸提供

03 重返舊廟址紀念祈安儀式 | 隊伍抵達舊廟址後，

依序將各參與宮廟神尊，迎入臨時搭建的祭壇後，旋即舉行祈安儀式，並邀請臺北市長擔任主祭，以新港奉天宮規劃執行之祭典為例，流程大致如下：

1. 典禮開始
2. 全體肅立
3. 執事禮生就位
4. 恭請主祭官就位
5. 恭請共同主祭者就位
6. 與祭者就位，獻呈雅樂
7. 進饌
8. 主祭官行上香禮
9. 行初獻禮（初獻爵）
10. 恭讀祝文
11. 全體行三拜禮
12. 行亞獻禮（亞獻爵）
13. 行終獻禮（終獻爵）
14. 全體人員向清代臺北府天后宮金面媽祖暨列聖尊神行三鞠躬禮
15. 禮成

「北臺灣媽祖文化節」舊天后宮現場獻禮祭品之一

「北臺灣媽祖文化節」舊天后宮現場祭儀獻禮

04 板橋慈惠宮駐駕 | 結束舊廟址祈安儀式後，金面媽祖及列聖尊神再度啟駕，前往主辦宮廟——板橋慈惠宮駐駕。

板橋慈惠宮
開基媽祖

金面媽祖前往板橋慈惠宮駐駕

05 洗塵祀宴

「洗塵」原意為擺設宴席款待遠道而來的客人，在民俗上的用法，多指「接待」神尊駕臨之意。而「祀宴」則表示以隆重的宴席祭祀神明，如同「王爺祭典」中的「宴王」或「祀王」之意。其祭祀流程大致同上述的祈安儀式。

擺設宴席款待遠道而來的神尊駕臨

洗塵祀宴中的梳妝臺以及化妝清潔用品獻禮，可供各神尊洗塵並重新整理儀容

1 開路鼓

由鼓亭、大鑼及鈸、嗩吶等樂器組成，人數至少五人，最多則有二十甚至近百人之譜，主要的目的除了告知沿途信眾，諸尊聖駕及眾神已經到來外，其次也為了增添遶境隊伍的熱鬧氣氛。

報馬仔一馬當先宣傳媽祖遶境

開路鼓鑼鼓齊鳴，告知沿途信眾活動開始了

2 臺灣省城隍廟

省城隍廟前身為「臺北府城隍廟」，主祀府城隍爺，其執掌與身分如同現在的臺北市長。因此，在民國九十三年迎請臺北府天后宮媽祖回舊廟址的活動時，即由臺北市長擔任主祭，爾後歷年的北臺灣媽祖文化節，都依例以「東道主」的角色，前往舊臺北城北門，恭迎媽祖鑾駕進城。

臺灣省城隍廟城隍爺也在恭迎隊伍中

③ 接駕隊伍

　　以民國一○二年「北臺灣媽祖文化節」為例，此次由新北市的板橋慈惠宮主辦，並邀請嘉義新港奉天宮協助辦理祭祀儀典，因此，奉天宮為表慎重，也恭請該廟極具代表性的「四街祖媽」鑾駕參與接駕儀式。

　　此外，臺北地區極富盛名的關渡宮，也由該廟最具代表性的「二媽」鑾駕，前來參與接駕盛事。而主辦廟──板橋慈惠宮更請出該廟「開基天上聖母」親自接駕，以慎重其事，同時，也將來自全臺各地的友宮神尊約四十餘尊，逐一請上花車，陪同前往迎接臺北府天后宮金面媽祖回鑾臺北城。

接駕隊伍

④ 排班法器及歷代褒封旗

　　「排班叱路」或稱為「執事隊」，相當於古代皇帝的儀杖隊伍，其作用除了有開道之意外，所用的法器也有護駕的意味，同時象徵主神的威權。

　　而「褒封旗」主要書寫媽祖歷代封號及廟額，屬於官祀媽祖廟獨有的駕前配置，由於舊臺北府天后宮為清代臺北府的官廟，因此得以享有如此尊榮，除了增加排場與莊嚴性外，也在彰顯其官祀地位之正統性。

排班法器及歷代褒封旗隊，於北門城候駕。

歷代褒封旗

排班法器

⑤ 小基隆福成宮
駕前千順將軍

千里眼及順風耳相傳為媽祖收服的「金精」及「水精」，前者具有目視千里之神力，後者則有耳聽萬方之法力，為媽祖鑾轎前的左右護衛。媽祖出巡時，為增加隊伍的可看性，多以「大神尪仔」的型態出現，極具動態的大步行走，總能吸引善男信女的目光與喝采。

小基隆福成宮駕前將軍

⑥ 小基隆福成宮
天上聖母涼傘

涼傘別名「華蓋」，原是古代帝王出巡時為其遮陽之用，現演變成廟會遶境隊伍中，行走於神轎前面，以逆時針方向不停轉動。而涼傘上繡「小基隆福成宮天上聖母」等字樣，則為識別神轎乘坐神尊之用。

以逆時針方向不停轉動的涼傘

7 舊臺北府天后宮天上聖母鑾轎

　　舊臺北府天后宮金面媽祖為軟身神像，坐身高度約一名成人高，體型相當碩大，為了方便媽祖乘坐出巡，廟方特地打造了一頂專屬神轎，體積較一般文轎大，並不適合長時間人力扛抬，故加裝輪子於轎底，由人力推行。

軟身媽祖神像

摺扇

絲巾

臺北府天后宮天上聖母鑾轎

軟身神像

常見的木雕神像多為一木成形的硬身神像。另有以木頭分別雕刻頭部、身軀（或有籐製）及四肢，後再以關節組裝之軟身神像，多採坐姿型態出現，高度可達 200 餘公分。早期多做為廟宇鎮殿神尊，而其衣著更為講究，如同真人般，依序穿著襯衣、內裡、官袍、披風、鞋帽等。而軟身媽祖像，多雙手執扇、絲巾，更有拿名牌皮包、戴戒指、耳環、珍珠等飾品，相當精緻且擬人化。

臺北府天后宮
金面媽祖

歷年（2004～2013）主辦及駐駕宮廟特色

臺灣省城隍廟（2004年首年主辦廟）

清光緒七年（1881）臺北府建城後，由府衙籌建（原址約在今延平南路與漢口街右側），主祀府城隍，並合祀淡水縣城隍於此，正式入主臺北城。日治時期，因市區改正計畫，原廟拆除後，部分神尊移祀松山，並由信眾另建「昭明廟」（今府城隍廟）奉祀。

民國三十四年，由地方人士集資於武昌街現址重興城隍廟，於民國三十六年落成，並稱為「臺灣省城隍廟」，主神仍以舊制府城隍神號，稱為「威靈公」。每年國曆的十月二十五日（臺灣光復節）訂為省城隍爺聖誕，過去多配合官方慶祝活動，舉辦迎神遶境。

臺灣省城隍廟鎮殿城隍爺

臺灣省城隍廟

松山慈祐宮（2005 年）

舊稱「錫口媽祖宮」或「松山媽祖廟」，主祀天上聖母。清乾隆元年（1736）一位泉州籍行腳和尚，自湄州迎請媽祖金身渡海來臺，經滬尾（淡水）登陸後，行抵錫口地區。由於當時錫口多為泉州同鄉，且先民均崇敬媽祖，乃群起倡議集資建廟，安奉媽祖神像，遂於乾隆十八年（1753）動工新建廟庭。乾隆二十二年（1757）完工，定名為「錫口媽祖宮」，為錫口十三庄（今松山、南港、內湖一帶）居民的精神中心。

松山慈祐宮鎮殿媽祖

松山慈祐宮

臺北關渡宮（2006 年）

　　關渡舊稱「干豆門」，而關渡宮原座落於靈山頂，故又稱「靈山廟」，主神天上聖母，據傳源於明永曆十五年（1661）由臨濟宗石興和尚從莆田縣湄洲島請來之香火。清康熙五十一年（1712），大雞籠社通事賴科鳩眾建廟，稱為「干豆門天妃廟」；康熙五十四年（1715）重修，易茅以瓦，並命名為「靈山廟」。歷經多年修繕與遷建，日治大正十一年（1922），遷至現址再次重修，正式定名為「關渡宮」。

關渡宮二媽

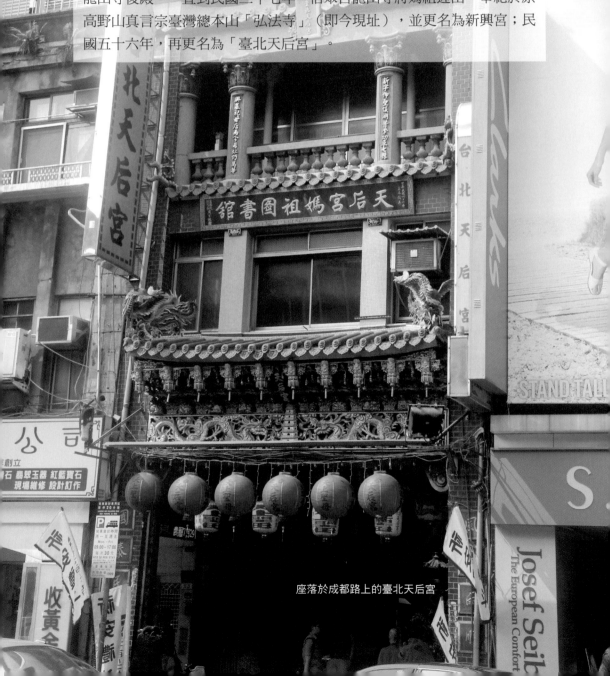

臺北天后宮（2007年）

　　位於西門町成都路上，前身為「艋舺新興宮」，奉祀天上聖母，與「龍山寺」、「祖師廟」並稱清領時期艋舺三大廟門。日治昭和十八年（1943）日本政府以開闢防空道路為由，強制拆除新興宮，所有神像及神器暫奉於龍山寺後殿。一直到民國三十七年，信眾自龍山寺將媽祖迎出，奉祀於原高野山真言宗臺灣總本山「弘法寺」（即今現址），並更名為新興宮；民國五十六年，再更名為「臺北天后宮」。

座落於成都路上的臺北天后宮

南港富南宮（2008年）

　　位於臺北市南港區研究院路一段路旁，廟高二層樓，一樓主祀之「福德正神」原位於中南里三重埔埤內，後因附近土地徵收為軍事用地，遂將神尊遷至此。二樓則祀「天上聖母」，又稱「南港媽祖」，為民國七十八年，地方士紳前往福建泉州天后宮及湄州島媽祖廟迎請天上聖母回臺。此外，廟內尚有奉祀三聖恩主（關聖帝君、孚佑帝君、司命真君），原祀於南港金山寺，後因佛、道分祀，而將三聖恩主迎奉於此，也讓富南宮成為一座都市中典型的合祀廟。

富南宮五尊鎮殿媽祖，有粉面、金面及黑面，相當特殊／林柏伸提供

二樓主祀媽祖

一樓主祀福德正神

位於研究院路旁的富南宮，是鄰近廟宇諸神的「集合式住宅」／林柏伸提供

三芝福成宮（2009 年）

　　三芝，舊稱小基隆，而福成宮位於新北市三芝區中山路上，創建於大正八年（1919），是三芝地區的重要信仰中心。主祀之天上聖母，源自於舊臺北府天后宮金面媽祖，為日治時期由地方士紳黃有龍自臺北廳迎回，地方信眾尊稱為「二媽」，昭和十一年（1936），增建前殿及右廊。民國七十一年，有感於廟體年久失修，且空間不敷使用，乃鳩資重建，至民國七十八年完工。現所見為民國九十年再度增建後之廟貌。

三芝福成宮／林柏伸提供

三芝福成宮正殿，圖中的白玉媽祖，是福成宮的特色之一／林柏伸提供

古亭南福宮（2010 年）

位於臺北市中正區南昌公園內，舊稱南門口，主祀天上聖母，廟旁有兩棵老榕樹，被地方奉為樹神，為古亭地區地標之一。南福宮源於臺灣光復後，地方士紳每逢農曆正月，便會前往麥寮拱範宮迎請媽祖前來駐駕，並於農曆三月二十三日舉辦遶境。民國七十二年，地方倡議建廟永祀媽祖，並於民國七十七年落成安座，名為「南福宮」，意指「媽祖神威賜福古亭南門地區」。

南福宮鎮殿媽祖，源自雲林麥寮拱範宮／林柏伸提供

竹北天后宮（2011 年改採輪值方式辦理）

竹北舊稱「豆仔埔」，清雍正三年（1725）有廣東陸豐、饒平及福建同安、南安等地之移民開始進入拓墾，並攜來故鄉的媽祖香火。每逢元宵佳節，信眾均覓地搭棚啟建平安祈福三獻法會，以感念聖恩。民國四十九年，地方人士有感於臨時場所膜拜不便，遂鳩資於現址倡建廟宇，民國五十年入火安座，成為竹北地區重要信仰中心。每年元宵節，皆舉辦盛大的燈藝競賽及燈謎晚會活動，更添熱鬧氣氛。

竹北天后宮媽祖

基隆慶安宮（2012）

位於基隆市仁愛區忠二路，又稱「雞籠媽祖宮」，主祀天上聖母，創建於清乾隆四十五年（1780），為當地漁民為求航海及漁撈順利而奉祀，嘉慶二十年（1815），由舊內湖庄信徒獻地修築「慶安宮」，曾名列清代雞籠八景之一「慶安朝聖」。道光二十二年（1842）毀於地震後，由士紳發起重修；日治大正元年

基隆慶安宮正殿

（1912），自湄洲祖廟迎請媽祖聖像抵臺後，再度重建慶安宮；現廟貌為民國五十九年擴建後之規模。此外，慶安宮也是每年「雞籠中元祭」迎斗燈、跳鍾馗及主普交接手爐等重要儀式的舉辦所在。鄰近的「基隆廟口夜市」更是名聞遐邇的國際知名旅遊景點。

基隆慶安宮

板橋慈惠宮（2013）

　　位於新北市板橋區鬧區，為「擺接堡十七大庄」的信仰中心之一，與板橋文昌廟、接雲寺、中和廣濟宮及土城大墓公，合稱「擺接堡五大廟」。慈惠宮媽祖源於清乾隆年間，有一位行腳和尚自湄洲恭請媽祖金身聖像雲遊來臺，行經此地時，應地方鄉紳懇留媽祖奉祀，並組織「天上聖母金浦會」，同時也建一祠安奉，名曰「慈惠宮」。歷經同治十二年（1873）、光緒二十一年（1895）等多次重修；迄民國六十四年，配合市區更新方案，再度改建為現三層樓高之廟貌，並增設圖書館。

板橋慈惠宮

板橋慈惠宮正殿

龍德四媽・新興香路

　　龍德宮位於桃園縣蘆竹鄉，奉祀主神為「天上聖母——四媽祖」，係分靈自雲林縣麥寮拱範宮。民國八十六年，由現任宮主丁素珠等人，於拱範宮領旨，在桃園市天臺街創建「龍德宮」，後因信眾日益增多，於民國八十七年遷至現址。

　　民國九十五年開始，由信眾發起徒步前往雲林麥寮拱範宮進香遶境，迄今（2013）已經邁入第八個年頭，途經六大縣市，所經廟宇每年皆不盡相同，多為具有全國知名度的媽祖廟或宮廟，如新竹竹北天后宮、苗栗竹南後厝龍鳳宮、苑裡慈和宮、臺中大甲鎮瀾宮、清水紫雲巖、彰化伸港福安宮、芳苑普天宮，最後抵達雲林麥寮拱範宮，全程約四百五十餘公里，共計八天七夜，為臺灣媽祖慶典中，一個新興的徒步進香遶境活動，且停駐駕宮廟有逐年成長的趨勢，相當值得後續觀察。

　　遶境隊伍除了一般常見的「報馬仔」、「頭旗陣」、「黑令旗」、「鑼鼓陣」、「花

隊伍抵達麥寮境內，拱範宮也派出莊儀團前往迎接／雲林阿輝提供

鼓陣」、「龍虎旗」、「神將團」、「金龍陣」、「涼傘」及「執士陣」外，隊伍中最引人注目，也是其最大特色的莫過於擔任扶轎、來自各行各業的「仙女扶轎團」，清一色年輕女子，端莊打扮、虔誠為四媽祖服務，除了讓人眼睛為之一亮外，更顛覆傳統參與廟會的年老刻板印象，也為傳統的廟會慶典增添一股年輕活力的氣息。

陣容龐大的執士陣，負責護衛媽祖神轎安全／雲林阿輝提供

令人耳目一新的「仙女扶轎團」／雲林阿輝提供

主要遶境宮廟特色

竹北天后宮

竹北天后宮所在位置舊稱「豆仔埔」（即今竹北里、竹仁里與竹義里一帶），其創建源流可溯至清雍正三年（1725），有廣東陸豐、饒平及福建同安、南安等地移民，攜來故鄉的媽祖香火進入拓墾，並搭建臨時場所奉祀神靈；一直到民國四十九年，才

竹北天后宮正殿

由地方人士於現址建廟。其中，鎮殿媽祖為泥塑神像，由來自唐山的阿枝師（本名彭木泉）恭塑，並取山崎地區（今新豐鄉）的紅赤仁土，依古法製作，逐層披覆施工，自然蔭乾，聖相慈祥莊嚴，威儀顯赫。另有配祀文昌帝君、神農大帝、武財神、三聖恩主（關聖帝君、孚佑帝君、司命真君）、觀音佛祖及註生娘娘等諸神祇，堪稱滿足士農工商各領域階層之需求。

竹南後厝龍鳳宮

明永曆年間，先民迎奉湄洲媽祖神像來臺，於竹南海濱一帶（今龍鳳港與新港溪冷水坑出海口南北）登陸，並建小祠奉祀神靈。後因墾民日增，且原址易受風害之苦，清道光十五年（1835），復再內遷移入後厝

竹南后厝龍鳳宮正殿

仔及山寮交界（今鳳凰里）一帶，隔年（1836），後厝陳姓墾主，有感於媽祖之神威，獻出大丘園作為廟地，由地方士紳籌資興建廟庭，並正式命名為「龍鳳宮」，轄境有五十三庄，相對於「中港慈裕宮」稱為外媽祖。面貌為民國五十五年重建，其最大特色為廟後，約十二層樓高的媽祖塑像，天氣晴朗時，可從塑像頂部眺望臺灣海峽的波瀾壯闊、氣象萬千。

苑裡慈和宮

位於苑裡鎮苑北里，主神天上聖母舊稱「城外媽祖」、「香燈媽」，相傳為清康熙五十三年（1714）福建水師受命平定福建海寇時，為求剿匪順利，自湄洲天后宮迎請聖母媽祖金身隨船，後因暴雨船隻飄抵今房裡溪口，遂將神像請上岸，並安奉於此；剿平寇亂

苑裡慈和宮

後，地方信眾遂懇留聖母永駐苑裡，並建祠奉祀。乾隆三十六年（1771）遷至現址重建殿宇，歷朝均有修建，現貌為民國七十八年重建；目前廟內尚留有乾隆朝的石雕香爐、「海國標靈」古匾，以及光緒皇帝的「與天同功」匾額一方。

大甲鎮瀾宮

清雍正八年（1730），福建湄洲嶼人林永興攜帶家人來臺，至大甲堡定居謀生，並將隨行的湄洲朝天閣天上聖母香火，安奉於自宅廳堂。雍正十年（1732）於現址興建小祠，乾隆五十五年（1790），地方士紳發起擴建小廟，命名為「天后宮」；現貌為民國六十九年後重建。大甲鎮瀾宮除了有歷史悠久的徒步進香活動外，近年來，更將媽祖遶境進香發展成世界級宗教界的盛事，同時成立「臺灣媽祖聯誼會」，積極發揚媽祖信仰文化。

清水紫雲巖

　　座落在清水鎮鰲峰山麓，正殿為兩層樓建築，左右各有一座鐘樓，廟頂為金黃色琉璃瓦，正殿主祀觀音菩薩。創建於清康熙元年（1662），歷朝均有翻修，最近一次重建完成於民國六十九年。民國八十三年，更新建紫雲巖文化大樓，外觀極具有中國傳統風貌與宗教氣息，富麗堂皇氣勢壯觀。目前寺內留有同治三年的「慈庇兵戎」古匾一面，而正殿後方有花園一座，園中立有乾隆三十四年所立的古碑及廟後堤防復舊紀念碑一座，頗具歷史意義。

清水紫雲巖正殿主祀觀音

廟後花園中的古碑及堤防復舊紀念碑

清水紫雲巖

伸港福安宮

伸港古稱為「塗葛堀港」,後曾更名為新港,曾經是清代的臺灣對外貿易的港口之一;福安宮是地方信仰中心,創建淵源可溯至清康熙十六年(1677),有泉州商人在海上撈起一段五尺餘長的香木,後因異常顯聖,並經天上聖母神示,雕塑成三尊媽祖神像,其中一尊便迎奉至伸港奉祀,信眾尊為「三媽」。日治時期,原有廟堂被拆除,移做派出所之用;大正六年(1917),媽祖親自選定現址重建,並逐年增擴建。現廟為民國七〇年代後陸續重建之樣貌,入口處的五門式大型牌樓矗立於路旁,而二樓宮殿式建築的後殿,更是伸港重要的地標。

正殿主祀天上聖母

後殿採二樓宮殿式建築,奉祀觀音佛祖及玉皇上帝

牌樓式的拜亭,相當獨特,是福安宮的特色之一

芳苑普天宮

　　普天宮主祀天上聖母，係源自清康熙三十六年（1697），先民自湄洲島媽祖廟迎奉而來，並於「番仔挖」建廟奉祀，後於咸豐九年（1859）再遷至芳苑街上，另立新廟安奉神靈。歷經三百餘年的多次整修、重建，最後於民國七十五年，在媽祖的指示下遷至現址重興普天宮，現正殿奉祀主神──天上聖母，後殿則奉祀觀音佛祖。據傳現廟址為「白馬穴」，而此地正好位於芳苑北側的山崙，故又名「白馬峰」，風景相當秀麗。

登上廟頂，遠眺臺灣海峽

普天宮鎮殿媽祖

位於彰化芳苑的普天宮，建築相當雄偉、占地廣闊

　　清康熙二十四年（1685）來自湄洲的「純真老禪師」佩奉湄洲正六媽神像，自海豐港登臺，並將媽祖神像奉祀於舊「海豐港街」。乾隆七年（1742）因虎尾溪洪水成災，遂遷建於「麥寮街」現址。並於嘉慶五年（1800）擴建為「三楹、三進、廊房九間」之格局，正殿主祀天上聖母，後殿奉祀觀音大士。至日治昭和六年（1931）再度重建，並漳泉兩派匠師「對場施做」，較為後人熟知的有——王樹發、陳應彬（大木）、潘春源（彩繪）等知名匠師，故留下不少精彩的作品，極具文資及藝術價值。民國九十五年，被雲林縣政府指定為縣定古蹟。

拱範宮三川門

來臺迄今已逾三百餘年的湄洲媽祖，信徒尊稱為「開山媽祖」

地理位置

　　白沙屯舊名為「白沙墩」，「墩」在《說文解字》中注為「平地有堆曰『墩』」；在清光緒二十三年（1897）蔡振豐纂修《苑裏志・上卷》中亦有提到「白沙墩，在苑裏西北二十三里。其地有石滬焉；潮漲則魚隨潮入滬，汐則潮去魚留，任人漁取。最可異者，其村人皆業漁；每當風恬浪靜、海平於席，山光水影互相掩映，數十葉魚舟來往如織。當盛獲時，多有一家日可得錢百十千者。臺中屬葫蘆墩之魚腥食料，半仰乎是；誠獵漁之一巨觀也。」除了說明白沙屯的地理位置外，更提到本地產業在清領時期幾乎只有漁業，因為早期生活依憑只有漁業，也可看出為何媽祖這樣的水神信仰在白沙屯居民心目中的重要性了。

早年因為濁水溪沒有橋梁，當媽祖鑾轎抵達溪畔時，不得不涉水而過，但現在橋梁便道已修築非常方便，媽祖依然選擇涉水而過，這樣有橋不走、有路不走的方式，正符合媽祖要教育信徒生命的意義「人生道路不一定條條順暢，只要走得過的就是路」。圖為白沙屯媽涉渡濁水溪／駱調彬提供

但追溯白沙墩的建立，最早出現的史料則可溯自同治十年（1871）陳培桂所著《淡水廳志》中便已記載「淡水廳設在竹塹城內，廳城出南門二十里設有白沙墩『汛』」；也提及白沙墩莊「東接內山生番地、西臨海」，可看出當時的白沙屯是通霄鎮內開發較早的地區，且是南北往來通道上的軍事要地。因此推敲此地大致在清雍正年間已有漢人移墾此地，到了乾隆時期開始有大批移民從福建惠安、同安渡海來臺，正式在此從事開墾，才逐漸形成市街聚落。這個依山傍海的村落，海岸線上東北季風帶來的大量風沙，堆積雪白的新月型沙丘，「白沙屯」之名也由此而來。戰後通霄庄的白沙屯大致劃分出白東里、白西里等二里。昔日為新竹到大甲官道上的必經要站，今日則為縱貫線與臺61線的道路交接處。

白沙屯拱天宮與鄰近居民在生活上有唇齒相依的關係

汛

中國清代兵制，凡千總、把總、外委所率的綠營兵均稱「汛」，其駐防巡邏的地區稱「汛地」。

白沙屯拱天宮的歷史與建築風貌

　　拱天宮，原只是地方信仰中心，按清光緒二十三年（1898）《新竹縣志初稿》記載：「拱天宮在白沙墩莊，距竹城〇〇里。同治二年（1863）建，廟宇三十四坪九合七勺、地基二百九十七坪。」（〇〇為缺漏字）。據拱天宮廟宇簡介提及清乾隆年間先人開墾時奉請一尊軟身媽祖供於民家，到咸豐晚年白沙屯居民有鑒於長年輪值奉祀於爐主家，遲遲未有廟宇殿堂方便大眾祭祀，便有村民倡議集資興建廟宇，於同治二年建造完成，是為「拱天宮」，當地人稱「白沙屯媽」。當時在約三百坪的地基上建築三十餘坪土垣茅屋（土埆厝）。昭和五年（1930）時，由於經歷約一甲子的風雨侵蝕，廟宇土埆結構漸漸斜傾，有失禮神虔敬，為使廟宇堅實穩固，地方信眾再次提議改以磚石修建；加上昭和十年（1935）中部發生大地震，本宮前殿受餘震所波及，更影響廟宇主體結構，信眾為鞏固當地信仰中心，乃再度鳩資修葺，終成現貌。

白沙屯拱天宮媽祖出巡啟程前往北港，行進的方式最特別，以急行的方式向前衝，沿途方向及路線的選擇都隨機決定／駱調彬提供

白沙屯媽遶境進香

　　白沙屯的媽祖信仰肇始於乾隆年間，就如同其他西部的臨海聚落，早年討海為生的白沙屯人，自然供奉媽祖為守護神。拱天宮的軟身媽祖又稱「大媽」，除進香期間外，均端坐在拱天宮裡供信眾參拜，另有「黑面二媽」及「粉面三媽」，為大媽進香出巡時擔任鎮殿之責。據當地耆老的印象，白沙屯媽遶境進香來回約四百公里，已經有二百年的歷史，除昭和十年因中部大地震中斷一年，以及日治末年因戰爭窘迫，使遶境進香活動斷斷續續外，其餘每年都循往例以徒步方式，行腳至雲林縣北港朝天宮進香。而進香日期雖事先知道啟駕日、刈火日與回宮（鑾）日，但進香活動天數、路線則全由媽祖指示鑾轎來進行，可說是全臺最特殊的進香隊伍。許多離鄉背景的白沙屯子弟皆會回鄉參與進香活動，宛如白沙屯子弟的成年禮，透過徒步進香，信眾拉近與媽祖接觸的距離，感受媽祖恩澤，也讓自己重新獲得努力生活的勇氣與力量。以前白沙屯媽祖信仰區涵蓋了白東、白西、內島、南港，以及新埔里、通灣里的一部分。這些年來因為在地文史工作者與全體媽祖子民的努力，現在白沙屯媽祖信仰區已經涵蓋到全臺灣的各個角落，甚至全世界。

　　長久以來，白沙屯因為地處偏遠，居民生活勤樸節儉，安天知命，乃至於每年前往北港進香都必須採取最刻苦的方式徒步進行。長時間下來，

白沙屯拱天宮殿內大媽

敦厚的白沙屯先民們培養出在進香路上刻苦患難、沿途相互扶持的精神，形成一種獨特的人文景觀。在宗教儀式的意涵之外，在現今繁忙的臺灣社會裡，白沙屯媽祖徒步進香活動的另一項迷人之處，莫過於進香隊伍中人與人之間毫無隔閡互相幫忙的人情味。許多人走進了白沙屯媽祖進香的隊伍之後，來年必定還會再次參加，因為像這樣豐饒的人文景觀在臺灣絕無僅有，是每一位臺灣人一生當中必須來體會一次的朝聖之旅。

1 放頭旗

　　這是在進香啟駕的前三天，廟方會依造神明指示的時辰，舉行「放頭旗」的儀式，將象徵統理媽祖兵馬的頭旗豎立在拱天宮廟前龍柱上，廟方也藉此向信眾昭告白沙屯媽遶境進香活動正式開始。按儀式，地方居民和參與信眾必須在放頭旗後齋戒沐浴三日，每日傍晚時分，信眾必須挑飯擔至廟前犒賞兵馬，也順便將進香旗攜至廟裡過爐藉媽祖加持提升法力，來保護進香信眾的安全。

2 啟駕

　　媽祖神像歷史比拱天宮更悠久，拱天宮建廟後更集開基媽、鎮殿媽及進香媽於一身，本地人稱為「大媽」。「大媽」平時安坐於拱天宮神龕內，垂簾斂眉，柔和的粉臉似正傾聽子民們

放頭旗。將頭旗豎立在拱天宮廟前龍柱上
／駱調彬提供

的心聲。在不同時間、地點、角度看白沙屯媽祖，每個信眾都會感受到媽祖不同的面貌渡化群黎。雖然起始正確年代已難考據，其軟身神像的造型精緻，且手腳有製作關節讓身體能伸展活動猶如真人，因此進香前一天，媽祖必須讓為媽祖服務的婦女們用「抹草水」沐浴洗淨，然後換上虔誠信徒所奉獻的鳳袍、后冠、弓鞋等新裝，當媽祖梳粧更衣妥當，遶境進香活動才由此展開。

　　梳妝完畢的媽祖神像被移駕至神龕前案桌上，由地方頭人帶領信眾虔誠跪禱，獻讀吉祥疏文。在此時，來自白沙屯各角頭以及鄰近的廟宇神轎、陣頭也陸續到廟埕來為媽祖送行。最高潮應是當來自後龍鎮南港地區的「山邊媽」也在爐主家進行啟駕儀式，然後到拱天宮和「大媽」會合，待登轎吉時到來，便會共乘鑾轎一同前往北港。

媽祖起駕出發前往北港／駱調彬提供

聖水

每次啟駕前媽祖更衣抹草水後，為媽祖服務的婦女就會從神龕裡端出「沐浴聖水」，每次一端出來，信徒們總是蜂擁上前希望能沾到這神聖之水，傳說聖水可以帶來媽祖的庇祐與福分。

③ 擇路／入廟

　　雖然，沒有固定路線；雖然，全憑媽祖的旨意；雖然，一路上讓信眾隨之上山涉水，但媽祖總會一路護持眾人，讓大家能如期在擇定的「進火」日期前抵達北港鎮，進香隊伍到達北港鎮郊新街時鑾駕會先停駕於北辰派出所，靜候各方信眾及陣頭匯集。萬人空巷浩浩蕩蕩前進到達朝天宮，在人山人海信徒的高聲吶喊「進喔！進喔！」之中，傳統的犁轎儀式三進三退後衝進廟裡大殿安座。

媽祖神轎擇路，全憑媽祖的旨意／駱調彬提供

4 進火

　　進火是向神明乞求聖火的儀式，更是整個進香活動中最隆重的儀式，大家較為知道是稱為「刈火」。「火」常是各宗教中神聖的象徵，因此在傳遞的過程中常代表媽祖香火靈氣的傳遞和遠播。這活動是由朝天宮的住持法師主持，以朝天宮內終年不滅的光明燈引燃金紙到「萬年香火」爐中，

誦念經文恭讀「吉祥文疏」以祈求聖母慈悲能夠庇佑植福，再以火勺掏引聖火到白沙屯的「火缸」中送入「香擔」，待住持法師在「香擔」貼上封條後，一路上引回白沙屯不得熄滅，這種火苗的遞引象徵媽祖的萬年香火流傳不絕，而媽祖的靈力更藉由這一年一度的刈火儀式達到法脈相傳永不退轉的意義。

刈火。誦念經文恭讀「吉祥文疏」以祈求聖母慈悲能夠庇佑植福，再以火勺掏引聖火到白沙屯的「火缸」中送入「香擔」／駱調彬提供

香擔

媽祖進香裝載火缸之重要工具，由值年副爐主遴選男性信徒肩負平安攜回香火的神聖任務，為木製單開式小廟型，兩座為一組。一邊裝火缸，一邊裝茶渣餅、檀香末等燃料確保香火終日不滅，門上貼有封條除添

走在隊伍前頭的頭旗與香擔／駱調彬提供

加燃料外不得任意開啟。媽祖駐駕時應放置在媽祖鑾駕前。

5 回鑾

又稱「回宮」，按慣例，返回拱天宮前一晚，媽祖會在通霄通灣里駐駕過夜，隔天媽祖返回通霄秋茂園旁的空地上停駕，按慣例舉行換乘八人抬大轎及搶頭香儀式，經過內島里及白沙屯車站時會停駕供信徒祭拜。這兩處地點通常會演平安戲，當地住戶也會挑來飯擔慰勞辛苦的香客。待回宮時辰一到，頭旗香擔在眾勇士的護衛吶喊下首先衝入廟中，接著神轎在人潮的簇擁下、在進香旗的叮叮響中，終於在「進喔！進喔！」的聲浪裡送入廟中，隨後關起廟門請出媽祖安座並放下神龕紅色布幔。活動到此告一段落。

沿途鑽轎腳祈福的信眾排成長龍／駱調彬提供

6 遊庄

拱天宮在媽祖進香回來第二天會舉行遊庄遶境，是由「二媽」代勞引領出巡，報馬仔、頭旗、陣頭、鑾轎仔、各角頭神轎及二媽神轎，藉由遶境巡視各庄頭，並帶領大家對社區裡一條條大街小巷的巡禮，遊庄後並在祭祀境內舉行放兵儀式以保四境平

媽祖遊庄遶境，帶領大家對社區裡一條條大街小巷的巡禮／駱調彬提供

安。整個活動在幾個里的居民彼此互相協助與幫忙下，讓媽祖遶境活動更臻圓滿，也凝聚更高的社區整體社群認同感。

7 開爐

「開爐」的進行是在進香回來的第十二天，開爐日當打開神房布幔的那一時刻，信眾在遶境後又得以再次看見媽祖的容顏，並祭拜媽祖祈求媽祖保佑平安。在大家祭拜後從神龕裡取出火缸，把香火一一添入廟中的香爐中，這時候活動完整告一段落，信徒在回家後也必須收起進香旗，儀式結束後

開爐日即表示遶境活動圓滿完成之日 / 駱調彬提供

大家高興吃著湯圓表示進香的「圓圓滿滿」，整個進香活動到此才算圓滿落幕，所有的隨香信徒並在此時和媽祖訂下隔年再相見的誓言。

香丁腳

白沙屯傳統慣以「香丁腳」（臺語發音）一詞稱呼參加進香的信徒香客。早年農村有能力參與進香的村民大多是家境生活條件允許的家族，參與徒步進香的家庭大多會派出家中的男丁，也就是由身康體壯的男丁來擔負起徒步進香的重任，並協助接替扛抬媽祖神轎或頭旗。進香隊伍中常見壯丁背著一付裝有香旗、金紙、簡便衣物的網袋前進，如遇夜間行進，則循聲追隨馬前鑼清脆的鑼聲疾疾而行，如此深具臺灣古早味與宗教涵蘊的稱謂，今日成為白沙屯信徒最特別的專有名詞。

中臺灣
迎媽祖活動大觀

「大甲媽」遶境進香
——全世界最有名氣的媽祖朝聖慶典

彰化縣媽祖遶境
——洋溢青春活力的媽祖遶境活動

北港迓媽祖
——臺灣古早級的媽祖遶境嘉年華會

大甲媽沿革

　　大甲媽祖遶境進香活動是臺灣媽祖遶境活動中，隨行陣頭隊伍最長、民眾最多的遶境活動。每年農曆三月間舉行的大甲媽出巡遶境盛況空前，每年香客人數屢創新高紀錄，也因此遶境時間最初從四天三夜到八天七夜，而民國九十九年起，鎮瀾宮更將遶境時間拉長，成為九天八夜的朝聖活動，折返點則在嘉義新港奉天宮。此遶境活動更於民國九十七年七月四日被指定為「國家重要無形文化活動資產」，是目前文化部授證國家重要民俗活動之一。近年來，媽祖文化邁向年輕化，廟方更成立「大甲鎮瀾宮 e 世代青年會」積極拓展媽祖文化，發揚媽祖慈悲為懷的精神，為社會大眾服務。

　　清朝雍正八年（1730）間，福建湄洲嶼人林永興攜帶家人來台，至大甲堡定居謀生，遂將隨行湄洲朝天閣天上聖母香火，安奉自宅廳堂，後來大甲堡的居民都來參拜，地方士紳見此盛況便徵求林家同意後，將香火遷移至現址，並於雍正十年（1732）興建小祠，乾隆五十五年冬月，地方士紳發起籌集資產，將原有小廟擴建，且命名為天后宮。近年來，大甲鎮瀾宮除遠赴湄洲媽祖廟進香之外，更將媽祖遶境進香發展成世界級宗教界的盛事。

大甲鎮瀾宮建築風貌

年代久遠的大甲鎮瀾宮，早年因樑柱已見腐蝕，難再整修，因此，在地方人士建議下，經該宮董事會決定於 1980 年 5 月 18 日拆除，並就地改建，新建的鎮瀾宮建築樣式與舊制相同，仍仿照中國北方宮殿式建築。此外，在大甲國中旁興建的文化大墣，則是一綜合文物珍藏、陳列及辦理文藝活動的場所。大甲鎮瀾宮建築呈現金璧輝煌、富麗堂皇之貌，以吉祥圖案搭配莊嚴的石雕、精緻的木雕、鮮明的彩繪等裝飾，形成知名且兼具神威象徵的寺廟建築。

只要走進大甲鎮瀾宮，即可見到主殿內懸掛了相當多的匾額和對聯，亦形成寺廟殿堂的一大特色，如「護國庇民」、「誠求立應」、「佑濟昭靈」、「慈雲灑潤」、「保國佑民」、「帝澤咸庥」、「保佑黎民」、「慈雲廣覆」、「慈光普照」、「神澤蒼農」、「神賜百福」、「與天同功」、、「普施恩澤」「聖心佑民」、「功添天下」、「護國庇民」、「德保生民」、「神光廣昭」、「聖德長垂」、「慈恩廣被」等。

大甲鎮瀾宮「護國庇民」匾額

大甲鎮瀾宮／禿鷹提供

大甲媽遶境由來及進香儀式

　　大甲媽吸引人之處，就是在每年農曆三月媽祖誕辰，由各地信徒組成的龐大進香團，追隨大甲鎮瀾宮的媽祖到嘉義新港奉天宮遶境進香，進行九天八夜的徒步參拜，這就是著名的大甲媽祖遶境。遶境的時間會在每年農曆正月十五擲筊定期，區域貫穿臺灣中部的台中、彰化、雲林、嘉義等四個沿海縣市，共二十一個鄉鎮市，走過將近百座廟宇，來回長途跋涉三百多公里路，展現出民間強大且厚實的媽祖信仰力量。

大甲鎮瀾宮媽祖遶境活動，沿途信眾鑽轎腳絡繹不絕。圖為等待鑽轎腳的虔誠信徒

　　早從日治時期就開始的大甲媽祖遶境進香，是現代臺灣民間信仰中最負有盛名的迎神賽會活動，也是深具本土代表性的臺灣傳統節慶。尤其在遶境進香的回程更是遶境活動的最高潮，這一天在大甲鎮街上條條馬路幾乎都擠得水洩不通，且家家戶戶都會宴客慶祝，正印證媽祖信仰的群眾魅力。

　　近年來，在政府相關單位大力輔導協助之下，近年來舉辦的「大甲媽祖國際觀光文化節」，參與信徒的人數已將媽祖這項民間信仰晉升為名列全世界三大宗教盛事（麥加朝聖、梵諦岡耶誕彌撒）之一，更讓臺灣成為全世界媽祖信仰的重鎮，成功打響國際知名度。

大甲鎮瀾宮三川殿內

進香儀式

遠境進香活動在整個九天八夜的中，前三天雖迅速且有效率的將大批進香群眾帶往新港奉天宮，但重要的各種儀式及典禮活動仍須兼顧，而不只是一直趕路，為求遠境進香活動儀式豐富、完整，鎮瀾宮特與專家學者研擬後，遂將原本的「八大典禮」調制為「十大典禮」：「筊筶」、「豎旗」、「祈安」、「上轎」、「起駕」、「駐駕」、「祈福」、「祝壽」、「回駕」、「安座」，每一個典禮都必須按照一定的程序、地點及時間來進行，一點都馬虎不得。

鎮瀾宮十大典禮的禮節儀式如下：

01 筊筶典禮 ｜ 為訂下每年九天八夜遠境進香起駕時刻，鎮瀾宮於每年元宵節下午六時許，會在大殿敬備香花茶果後，即恭請正爐媽、副爐媽、湄洲媽及千里眼、順風耳兩大將軍，由鎮瀾宮董事長擲筊請示媽祖，以決定該年起駕日期時刻。隨後依序由頭香、貳香、參香、贊香各團隊向大甲媽稟報隨駕遠境進香事宜，而宮內即展開各項籌備工作，並接受全國各地香客報名參加遠境進香。

筊筶典禮
／大甲鎮瀾宮提供

02 豎旗典禮 ｜ 「頭旗」為九天八夜遠境進香指揮旗，慣例由鎮瀾宮副董事長擲筊請示媽祖決定豎頭旗之日期。豎頭旗當天敬備香花茶果，由頭旗組、祭典組、報馬仔、誦經團等單位，於子時（深夜 11 點至凌晨 1 點）先行誦經，然後豎起頭旗，也即是向三界昭告年度九天八夜遠境進香各項工作開始正式啟動。鎮瀾宮所屬陣頭團隊開始各自整理旗幟、服裝、器具，並展開訓練，由鎮瀾宮祭典組頭旗組勘察路線，貼香條通告所經路線宮廟及民眾大德。

豎旗典禮
／大甲鎮瀾宮提供

03 祈安典禮 ｜ 祈安典禮時間定在出發前一天的下午三點舉行，祭祀前必須備妥各項祭品，藉由誦經、讀疏文的過程向天上聖母稟明今年遠境各項事宜，並祈求媽祖庇佑全體參加之人員，平安順利。

祈安典禮
／大甲鎮瀾宮提供

04 上轎典禮

上轎典禮定於出發前一日下午五時舉行，也就是在祈安典禮之後，在眾人的歡呼聲中，由達官貴人恭請天上聖母登上鑾轎，並祈求天上聖母遶境賜福給沿途村莊的信徒，庇祐大家在未來的一年都能平平安安、順順利利。

上轎典禮
／大甲鎮瀾宮提供

05 起駕典禮

這裡所謂的「起駕」是指媽祖的鑾轎在凌晨零時那一刻，由神轎班的人員將神轎扛起，出發前往遶境進香。在神轎起駕前，所有的鐘、鼓、哨角齊鳴，並由鎮瀾宮董事率領信徒，跪在天上聖母轎前，恭請媽祖起駕遶境進香，庇佑眾人隨駕進香一路平安。

06 駐駕典禮

經過三天的跋涉，媽祖神轎終於抵達新港，在新港市區遶境後，約於下午七時進入新港奉天宮。入宮以後，媽祖神尊離轎登殿安座，並備妥各項祭品，由鎮瀾宮董監事率領隨香眾人在奉天宮誦經讀疏，感謝媽祖庇佑全體平安抵達新港，並叩謝神恩。

起駕典禮／大甲鎮瀾宮提供　　　駐駕典禮／大甲鎮瀾宮提供

07 祈福典禮

媽祖駐駕後的隔天凌晨五點在奉天宮大殿舉行祈福典禮，同樣必須備妥相關的祭品，並且誦經、獻疏文為所有在鎮瀾宮參加點光明燈、拜斗的信徒舉行祈福儀式，祈求媽祖賜福於爐下眾弟子。

祈福典禮
／大甲鎮瀾宮提供

08 祝壽典禮 ｜ 繼祈福典禮後

於上午八時舉行，備妥祭品，由鎮瀾宮董事率領所有隨香信徒，齊聚在新港奉天宮大殿前，一起為天上聖母祝壽，虔心祝禱、誦經讀疏、三跪九叩，祝賀媽祖萬壽無疆。當典禮接近尾聲時，眾人舉旗歡呼，就在清脆的鈴聲中、壯觀的旗海裡，將那一股虔誠之心推到最高點，此時是最感人的時刻，也是整個遶境活動的高潮。

祝壽典禮／大甲鎮瀾宮提供

09 回駕典禮 ｜ 回駕典禮是遶境活動中在奉天宮舉行的最

後一個典禮。回駕前夕，由鎮瀾宮董事率所有信徒，在恭讀回駕祝文後，再恭請大甲媽祖登上鑾轎回返鎮瀾宮，祈求媽祖庇佑眾人平安踏上歸途。典禮最後由嘉義縣新港奉天宮及各界人士恭送大甲鎮瀾宮天上聖母回駕。
從駐駕、祈福、祝壽到回駕，四個典禮都在新港奉天宮舉行，信徒們將奉天宮前街道擠得水洩不通，其中以祝壽典禮場面最為浩大，也最讓人為之動容，除了當初跟隨媽祖鑾轎一路從大甲出發的隨行香客之外，有更多是

回駕典禮
／大甲鎮瀾宮提供

遠從海內外各地而來虔誠的媽祖信徒，他們有的是放下手邊的工作、有的是暫忘身體的病痛、甚至有的已經是步履蹣跚，但仍堅持一定要到新港為媽祖祝壽，這份虔誠的心，不禁讓現場的觀賞者感動。

10 安座典禮 ｜ 經過九天八夜之後，整個媽祖遶境進香活

動即將結束，當天上聖母回到大甲鎮瀾宮，登殿安座，董監事率眾人叩謝媽祖庇佑，眾人已平安回到大甲，恭請媽祖永鎮在宮，降賜禎祥。安座典禮之後，整個遶境活動可以說已經完全進入尾聲，正所謂人約黃昏後，此時的大甲宛如一座不夜城，隨行香客在一片歡樂的氣氛中互道珍重，相約明年再跟隨「大甲媽」一起遶境進香。大甲媽除庇祐信徒身體健康外，更為大甲鎮每年帶來無限

安座典禮
／大甲鎮瀾宮提供

的商機，可見大甲媽遶境活動在經濟活動上對臺灣經濟奇蹟的庇祐。

① 報馬仔

　　報馬仔原是類似軍中的斥候或放哨、偵察、刺探敵情的人，即「探子馬」，在進香團隊中是當做媽祖的先鋒官，負責偵查前方路徑是否安全，隨時回報媽祖路況，並提前讓沿路的孤魂野鬼、魑魅魍魎等先行繞道以免讓媽祖的神威傷到；且沿途敲鑼通知陽世的信眾收拾晾曬衣物及穢物，準備好香案迎接媽祖。

　　報馬仔的造型類似歌仔戲丑角為相，常成為眾信徒的焦點，頭戴斗笠防曬，肩搭簑衣防雨，身穿黑色衣褲、羊毛襖（反穿羊毛襖帶給他人溫暖）禦寒，戴老花眼鏡表示他看得清楚、能明辨是非，帶錫壺（惜福）、手持銅心鑼（意指勞[鑼]心勞力）、留燕尾鬍鬚（言[燕]而有信）、吸旱煙管（含煙，與台語「感恩」諧音）、攜帶豬腳韭菜（長年肉、長年菜）表示他不受餓、有吃食而且長生。掛豬腳還另有用意，可防白虎煞，路途若險遇白虎，可用豬腳讓白虎刁食不致傷人，就像結婚時需在轎上綁五花肉的意思一樣。右腳貼五彩圓紙是因為腳生瘡，表示人生難免不全，左腳著一隻草鞋、捲起半隻褲管，表示他雖工作辛苦，但忠於職務，縱使捲起褲管、鞋子掉了一隻，形象滑稽也不在乎。他的滑稽裝扮每每令人留下深刻的印象，在莊嚴的迎神時刻讓人會心一笑。每到一廟宇由報馬仔先行向各廟主神報告鑾轎已到。但為了尊重請別亂拉扯觸摸報馬仔身體、身上的配件。

大甲鎮瀾宮報馬仔

> ### 很多香客會向報馬仔或陣頭神明乞求身上寶物
>
> ❶ 紅絲線，是一路上香客相爭求取的姻緣線。
> ❷ 奶嘴，是香客們向太子團的「三太子」和福德彌勒團的「玉女神佛」乞求來保佑小孩好教養。

報馬仔
全身裝備

長傘
（長善）
紙傘
（直善）
合傘
（合善）

韭菜
（長長久久）
豬足
（知足）
「錫」製酒「壺」
（惜福）

燕尾鬚
（言而有信）
老花眼鏡
（明辨是非）
洪纓帽
（負責盡職）

菸草袋
（代代相傳）
旱菸袋
（含煙感恩）

反穿羊襖
（備受煎熬）

同心鑼
（勞心勞力）

瘡疤
（自揭瘡疤）

赤足
（腳踏實地）

溪北六興宮報馬仔

② 頭旗、頭燈、三仙旗

　　「頭旗」代表媽祖以及財團法人大甲鎮瀾宮天上聖母遶境進香團。旗色正黃，為四方形的杏黃色旗幟，上書「大甲鎮瀾宮天上聖母、頭旗、（謁祖）遶境進香」之字樣，旗上紅葫蘆插貢香一支，兩盞一藍一紅小燈，紅燈亮代表休息，藍燈亮代表行進。頭旗代表主神之令，在沿途上除引導隊伍行進外，並向所有前來恭迎的陣頭、隊伍接禮，且引導他們到神轎前向「大甲鎮瀾宮天上聖母」致敬行禮。

　　「頭燈」位在頭旗兩側，代表整個進香團的「眼睛」，也代表光明，為照明之用，燈上繪有八仙，書有「大甲鎮瀾宮天上聖母、（謁祖）遶境進香、合境平安」的字樣，掌燈者立於頭旗兩旁。

　　「三仙旗」共有三支，中間旗色正黃，兩側正藍，為頭旗副手，旗面上繡龍鳳朝拜，中間黃旗代表媽祖，旗面書上「大甲鎮瀾宮天上聖母」，兩旁藍旗為護駕，旗面書上「大甲鎮瀾宮（謁祖）遶境進香」，旗頭也裝飾紅葫蘆，但不插香，行進時置於掌旗使肩上。三仙旗的產生來自於進香沿線接駕的團體增加以後。原先頭旗的工作除了帶領隊伍前進之外，尚負有接待迎駕團體的任務，當迎駕團體與頭旗對拜之後，頭旗使必須引導該團體至媽祖大轎前行禮，結果卻因此造成進香隊伍停頓，為了解決此一問題，設置三仙旗代替頭旗率領整個進香團隊向前方邁進，如此一來整個隊伍才不致於缺乏旗幟帶路而停頓了下來。

隊伍前列之頭旗、頭燈和三仙旗

頭旗：代表主神之令

頭燈：為進香團「眼睛」

三仙旗：迎駕任務

③ 開路鼓

　　大甲媽遶境進香時的開路鼓，是最簡便的音樂性陣頭，也是廟會隊伍的開路樂隊。由腳踏車後面裝載小鼓兩面，車前置開路鼓標示牌一面，由一人牽引腳踏車，另有擊鼓手一人、鼓鑼手一人、鈸手一人、吹哨吶三人，他們在整個隊伍中在前開路，沿途通知善男信女「大甲鎮瀾宮天上聖母」快到了，在各項典禮中遵古演奏完成儀式。

鈸手
擊鼓手
嗩吶手
鼓鑼手
一人牽引腳踏車

大甲媽開路鼓三輪車

④ 駕前隊伍（頭香、貳香、參香、贊香）

　　鎮瀾宮有大甲、大安、外埔、后里四鄉鎮五十三庄的基本信徒，為了使每年回駕場面熱鬧起見，設立搶香制度，在元宵節擲筊決定進香日期時，也會進行搶香儀式，由五十三庄個人或團體參加「搶香」，時間於每年農曆一月十五日「元宵節」，向「大甲媽」筊筊決定遶境的起駕日期後，由財團法人大甲鎮瀾宮董監事代表，貼出「頭香」、「貳香」、「參香」之紅榜，「搶香」者再回貼一張即告完成，而不是經由筊選。由於往年搶香熱絡，為免向隅，現則改為協調方式產生。民國六十年後才開放給五十三庄之外的團體參與，至八十九年再增加禮聘「贊香」團隊，參加財團法人大甲鎮瀾宮天上聖母遶境進香的「獻香」。據載當年財團法人大甲鎮瀾宮增加禮聘「贊香」，其遶境進香起駕隨駕團隊順序在頭香、貳香、參香之前；回駕時「贊香」隨駕團隊則禮讓在頭香、貳香、參香遶境進香團隊之後。而行程於永靖至員林間，會擇地讓頭香、貳香、參香依序向媽祖獻香，神轎內備有小香爐，任何人皆不可插香，唯獨頭香、貳香、參香及贊香可依順序至神轎前膜拜祈願並優先插香，信徒深信先插香則將優先獲得媽祖保佑完成祈願。

搶香團體榜單

頭香前導車

頭香隊伍

但從民國八十九年起「贊香」遶境進香團隊順序均排在「各香」遶境進香團隊之後。頭香、貳香、參香、贊香指插香的順序，須連續擔任三年，而頭香三年則轉變成贊香，是進香團中的重要香客隊伍，也是重要的資源提供者。

　　搶得頭香、貳香、參香之團體或個人，在進香過程中需準備各項陣頭或劇團及花車遊行，場面上頭香要勝過貳香，貳香亦相同需勝過參香，故搶頭香者表示往往都要耗資數百萬才能拔得頭籌。雖是如此，頭香、貳香、參香也享有優先參拜插香之權利，因此信眾還是趨之若鶩。

貳香旗隊

贊香隊伍

⑤ 繡旗隊

　　大甲鎮瀾宮天上聖母遶境進香早期沒「繡旗隊」，是民國五十三年由大安鄉林同合先生成立繡旗隊後加入，最初才只有十餘支，後來逐年增加，迄今共有三百支，分成甲、乙兩組，輪班替換。

　　大甲媽祖的繡旗隊為專由女性香客所組成的進香隊伍，每年農曆元月十五日「元宵節」在大甲鎮瀾宮鎮瀾大樓排隊登記，屬於非固定性組織，成員亦不固定，參與者每年都不同，年齡差距也很大，大部分是「女士信徒」許願之人員組成，隨遶境進香團徒步往回九天八夜，沿途無固定的休息場地，更需忍受鞭炮、腳底的水泡和忽冷忽暖氣候之煎熬，可發現他們不是為自己許願，大部分都是為家庭、丈夫、孩子來許願、祈求，都具有強烈的信念、堅強的毅力，以及奉獻精神的行為，期待藉由苦行的方式，祈求媽祖庇祐她們的家人。

進香陣頭繡旗隊

繡旗隊參禮

⑥ 福德彌勒團

　　早年大甲媽遶境進香活動並無「福德彌勒團」，乃是於民國六十八年創立，團長是現居大甲鎮的劉柏元先生。神偶即「彌勒羅漢」、「達摩羅漢」、「古佛羅漢」，及後來增加的「福德正神」和「玉女神佛」。其中，彌勒羅漢代表「福」，著綠色服，有著開懷的笑容；達摩羅漢代表「祿」，著黃色服，有著正氣凜然的濃眉大眼和黑臉；古佛羅漢代表「壽」，著粉紅服，有著長而花白的鬍鬚。他們左手拿酒，皆以喝酒表示敬意，右手則執拂扇，背部的衣服上繡有八卦。而「土地公」則是右手執枴杖，左手拿大元寶，給人賜福添財的感覺。「玉女神佛」因為頗具童心，被人視為是孩子最好的守護神，所以常有人想換取她嘴上的奶嘴，拿回去給家中的小孩，好讓小孩能平安長大「好搖飼」（台語）。

玉女神佛，被視為是孩子最好的守護神

福德正神

⑦ 彌勒團

　　彌勒團，原為福德彌勒團成員另組之團隊，成立於民國七十三年，該團負責人為大安鄉黃光雄先生。依據佛教說法，彌勒佛名為阿逸多，是釋迦牟尼的法定接班人，乃三世佛之未來佛，於修練成道後，超脫世俗三界的生死輪迴，升入西方極樂世界。佛教中的彌勒佛手掐串珠，笑口常開、喜眉悅目，其樣子袒胸露肚，蟠踞而坐，最為醒目的是袒胸露腹、開懷大笑的樂觀表情，彷彿一切悲傷、仇恨都盡付笑談中而消弭於無形。

　　耳大臉圓的彌勒佛，常被認為是福氣與歡樂的象徵。彌勒團內三位主角：「彌勒羅漢」、「彌勒祖師」、「彌勒古佛」，以衣服的顏色為區隔（彌勒羅漢穿綠色，彌勒祖師穿黃色，彌勒古佛則穿粉紅色），其餘造型、服裝的樣式、手拿的葫蘆及扇子等完全相同，連人員踩的腳步都大同小異。

　　三尊神偶行進都是步伐蹣跚，台步一左一右，以「之」字型方式左搖右晃來前進；表演過程以鼓聲作為指揮，遇到陣頭迎接或廟宇時則改走醉步方式，並以喝酒來表示行禮。拜廟的方式也是走醉步，以八卦為基準，三尊彌勒呈三角形，面向八卦的中心，以喝酒致敬，以此方式旋轉二次，將八卦的八個點都踩過，然後再依照彌勒羅漢、彌勒祖師、彌勒古佛的順序，依序個別走向廟前喝酒行禮。

彌勒羅漢、彌勒祖師、彌勒古佛三尊神偶
帶給信眾歡樂氣氛

彌勒羅漢、彌勒祖師、彌勒古佛醉踩
八卦行禮

佛教中可分佛、
菩薩、羅漢三階層，
而彌勒佛、羅漢、達
摩祖師、燃燈古佛雖
然皆為佛教神祇，但
不能將彌勒與羅漢、
祖師、古佛混為一談，
彌勒羅漢、彌勒祖師、
彌勒古佛顯然乃民間
所取名稱，佛教中並
無此稱謂。

彌勒團以圍繞喝酒方式行禮

彌勒團前導車

8 太子團

　　太子團的成員有「哪吒」及「濟公」兩尊神偶，成立於 1986 年，現由居住外埔鄉的邱萬祥先生負責該團一切事宜。太子團除護駕的責任外，逗趣的表演也為進香團增添熱鬧的氣氛。太子團中除了太子爺之外，為何也有濟公，據說因信眾認為太子爺是小孩子，頑皮愛玩、活潑好動，必須有長者加以管束，因此才增設濟公來看管太子爺，可見信徒們思慮之周全。

　　在太子團中，哪吒身穿黃色戰甲，背插五營旗，左手拿鐵製圓環，右手持槍，以踩七星步、之字型方式前進。哪吒神氣活現的大眼睛加上深陷的酒渦，有時吸奶嘴、咬手指頭、玩童玩，流露出孩子特有的天真稚氣，普受民眾青睞，成為最受矚目的陣頭。

太子團前導繡旗

太子踩七星步，是以之字型前進，先往左前方跑跳幾步後，身體下壓，武器下插，然後快速提腿旋轉，如此即代表七星中的一顆星。接著再往右前方，依同樣的方式動作，如此反覆共七次，表示踩過七星。轉圈為其行禮的方式，表演者也利用轉圈之力來改變方向，若是練習不夠，可能會因此造成重心不穩而跌倒。

三太子一手乾坤圈、一手長槍，背負五令旗

濟公禪師

　　濟公在太子團中的塑像則是慈眉善目、身穿破僧衣，左手拿葫蘆，葫蘆內裝酒，右手拿扇子，頭戴僧帽，邊走醉步邊飲酒，慈眉大眼，滿嘴鬍渣，一付不修邊幅的樣子，行進時踩醉步，遇陣頭或廟宇，以喝酒表示行禮。

三太子李哪吒

民間戲劇中的哪吒傳奇大抵上是根據《三教源流搜神大全・卷七》，但細節則有所出入，哪吒的身世大抵如下：哪吒原為玉皇駕前大羅天仙，傳說乃「靈珠子」轉世出生為大肉球，哪吒七歲時出外遊玩，在海濱沐浴，卻因其身上寶物法力高強，東海龍宮被他震得遙遙欲墜，龍王派遣太子率魚蝦水卒前來阻止，卻被哪吒所殺，且抽他的龍筋。東海龍王前來討回公道反遭羞辱，導致四海龍王聯合向玉皇大帝申訴，其父李靖乃認為哪吒招惹諸魔製造禍亂。於是哪吒割肉剔骨奉還父母，以答謝生育之恩，後來經過他的師父太乙真人為其「蓮花化身、藕絲為筋」之後，成為手持火尖槍，臂套乾坤圈，腰圍混天綾（傳說是當時哪吒抽東海龍王太子的龍筋所化成），腳踏風火輪之形象。

哪吒太子又稱中壇元帥、太子元帥，民間稱為太子爺或三太子。原為佛教護法神，唐代傳說哪吒為毗沙門（四大天王之一）之第三子；明代之後，毗沙門天王逐漸中國化演變為托塔天王，而哪吒也變成托塔天王李靖之子。《西遊記》第四回有「哪吒三太子為三壇海會大神」；《封神演義》第十二至十四回也有哪吒的故事。

進香途中，經常看到家中有新生兒的信眾會買新的奶嘴和哪吒交換祈求小孩順利長大且好搖飼。

濟公在歷史上實有其人，原名李心遠，在靈隱寺出家後法號「道濟」。由於他不守戒律，喜歡飲酒吃肉，且舉止瘋狂，故又被稱「濟癲」。他見義勇為，專管人間不平之事，是個神通廣大的傳奇人物。平時對人幽默嬉笑，是位濟困扶危而不修邊幅的奇特高僧。百姓以「濟公」、「濟公活佛」等名稱尊稱他。因濟公不遵守紀律，故未排列於佛教歷代高僧中。

⑨ 神童團

進寶神童

神童團指的是「招財」及「進寶」二尊神偶,象徵為信徒祈求財富招財進寶。「招財神童」頭綁一束髮髻,身穿綠色衣服,一手拿羽扇,一手執拂塵;而「進寶神童」則是綁二個髮髻,穿粉紅色衣服,一手也是拿羽扇,一手拿令旗。此二尊童心未泯的神童活蹦亂跳在進香隊伍中行進,十分活潑逗趣。

神童在拜廟時要一前一後面對面,先前進之後再後退,接著原地轉圈,就如同是兩個天真無邪的小孩,開心地跑跳玩耍。

神寶

由於神童彷彿是小孩的化身,因此信徒大都是祈求養兒育女之事,諸如祈求小孩「好搖飼」,有的希望能早生貴子,也有祈求小孩能平平安安長大。民眾深信為神童訂做新衣以換取神童身上的舊服,加以修改讓小孩穿上,能保佑孩童平安健康。

招財
神童爺

一束髮髻

拂塵

羽扇

綠色衣服

逗趣的招財神童爺

⑩ 哨角隊

　　哨角隊前方有三面旗幟、兩面鑼、其餘為 L 型的哨角（號頭）和直
式的哨角所組成，哨角必須是雙數，哨角必須依鑼聲的指示而吹奏，平常
鑼聲單擊十一下，連續兩下，則吹奏。遇墓地或喪家時則必須敲快鑼，哨
角吹，則代表呼喚兵將近身保護、驅趕邪魔之意。哨角是以黃銅鑄造，長
四台尺八寸，為便於攜帶，以兩節伸縮，縮起來為兩台尺四寸。哨角聲音
十分地低沉，其任務在開路及驅魔。在進香隊伍中位居主神轎前方，聽到
哨角聲，宣示主神即將到來，帶有威嚴之意，並具有開路作用；哨角隊不
管在哪裡，那低沉的音階、壯闊的排場，都足以讓妖魔鬼怪聞聲而逃。

哨角隊旗手每到一間宮廟時都會行禮

大甲媽祖進香隊伍的哨角原來祇有兩支，後來因人員逐年增加。為了要指示哨角隊何時應吹奏，並且增加熱鬧氣氛，便再增設銅鑼；哨角隊何時吹奏哨角，都依鑼聲來決定。平常鑼敲打十一下，再連敲兩下，就要吹奏；若聽到急促且快速的亂鑼聲，表示進香隊伍即將接近喪家、墓地或橋梁，為避免孤魂野鬼攔轎申冤陳情影響隊伍前進，哨角必須趕緊吹號呼喚兵將前來護衛主神並驅離孤魂野鬼。

大甲媽祖遶境進香的哨角隊，在每支哨角的下半部，都有一面方形的黃色旗幡，上面書寫著「大甲鎮瀾宮哨角隊」，且隊伍整齊劃一兩邊排開，一眼望去非常壯觀。

哨角隊座車

哨角隊吹響號角，護衛主神並驅離孤魂野鬼

⑪ 莊儀團

　　莊儀團為媽祖的首席護駕——「千里眼」、「順風耳」兩位將軍。由於是護衛將軍，當然要呈現出莊嚴、威儀的態勢，故命名為「莊儀團」。大甲媽祖廟所配祀的水精將軍（千里眼），綠面綠衣；金精將軍（順風耳），赤面紅衣，二者為媽祖的兩大助手。

千里眼和順風耳皆頭披「高錢」、手握「手錢」，有驅邪保平安之功效。圖為新港奉天宮「山海遊香」遶境進香陣頭隊伍莊儀團中的千里眼和順風耳

　　根據《天妃顯聖錄》之說，千里眼、順風耳原為西北方金精、水精。水精具有火眼，能見千里之外的事物；金精則聽力靈敏，能聽見千里外的聲音，二位精怪經常出沒為害民眾，後來經媽祖出面收服二妖，乃成為媽祖部將。

大甲媽祖遶境進香隊伍的莊儀團，不僅儀態莊嚴、步伐穩健，手臂揮舞起來極為生動，因其手臂是一段一段相連，與人體類似。途中如果遇到陣頭迎接，則原地搖擺以表示行禮。

千里眼、順風耳本為妖精，故後腦勺繫有一串黃色「高錢」，手上握有一疊黃色「手錢」，民間傳說高錢及手錢具有驅邪、治療疑難雜症等功效，且二位將軍又是媽祖的首席護駕，身上所掛的高錢就成為民眾爭相搶奪的重點。「高錢」和「手錢」每天都需要更新，而換下的高錢、手錢則分送出去，因是

千里眼將軍

將軍隨身物品傳言具驅邪作用。因此在遊行過程中，每當有高錢抖落，民眾就會「奮不顧身」的上前搶拾。

千里眼、順風耳

封神榜中，「千里眼」及「順風耳」原本是一對兄弟。兄名「高明」，弟名「高覺」，原為棋盤山的桃精與柳精幻化成人形，下山投靠了商紂。武王伐紂時兩軍交鋒，高明眼睛能看到千里之物，高覺耳朵能聽到千里外聲響，使得周武王的戰略都被紂王所預知，使周軍大敗。當時武王由名相姜子牙輔佐。他先用「照魔鏡」得知紂王軍中有此二魔。為了混淆敵人視聽，他下令全軍在出戰之時，大鳴金鼓，以混亂順風耳（高覺）之聽覺；大旗幡揮舞，以遮千里眼（高明）之眼。並灑狗血在地面，使二人法力盡失，而喪命於戰亂中。後來，他們的魂魄飄到桃花山上，轉而成為妖精為害人間。最後被媽祖收服成為媽祖的部屬，擔任媽祖駕前將軍。

⑫ 三十六執士隊

　　執士隊,或稱「執事隊」,所持之物有「長腳牌」及「執事牌」兩種,長腳牌為一木牌,而執士牌是執行任務用的各式兵器。大甲媽祖遶境進香團的三十六執士與繡旗隊皆為非固定性組織;不同的是,繡旗隊由女信徒組成,執士隊則全為男性。有意參與執士隊之信眾可向廟方報名,經過擲筊取得媽祖首肯之後方可加入。

　　執士隊隊員每人手中皆握有一支長腳彩牌或各式兵器,可說是進香團中最具派頭的隊伍,兵器通常以十八對、三十六支為主,故稱為「三十六執士」。不過民間所見應不只十八對,此僅是一個概括性的稱呼。

執士團前導車

三十六執士團

　　進香過程中三十六執士每人各持一種彩牌或兵器,分成兩路縱隊而行。前半部手執長腳彩牌,書寫著「肅靜」(肅靜牌)、「迴避」(迴避牌)、「天上聖母」(主神牌)、「遶境進香」、「風調雨順」、「國泰民安」,共十二面。後半部則手拿各式武器,計有:龍頭(最前方)、日月牌、槍、槊(矛又有「槊」的別名;宋蘇軾《前赤壁賦》:「釃酒臨江,橫槊賦詩,固一世之雄也。」)、戟、雙戟、刀、關刀、斧、鉞矛、印架及令旗(殿後)等,共三十六支,排成兩排。這些法器平時擺放在廟中兩側,增加廟內莊嚴肅穆的感覺,出巡時則提醒信眾們遵守指示迴避、肅靜。

執士隊相當於皇帝出巡的儀杖隊伍，古代的帝王君侯出巡，必有隨從兵士開路、護駕，執士隊中彩牌具有開路功能，而兵器則具有護駕作用，故三十六執士走在大轎前方，以達到開路及護駕的作用。而在入廟時立於廟的兩側，等待迎接大轎的到來，此時執士隊則擔任維持秩序的工作。

手持的文昌筆，是考生的最愛

三十六執士隊，手執長腳彩牌共十二面，包括「肅靜」、「迴避」、「天上聖母」、「遶境進香」、「風調雨順」、「國泰民安」；執士牌則是十八對兵器，共三十六支，因此稱為三十六執士

⑬ 轎前吹

　　轎前吹是「鼓吹陣」的一種，專為神轎開路之用。樂器包括嗩吶、通鼓、小鈔（鐃鈸）等。平常在行進時沿途吹奏，神轎入廟時則在一旁演奏，等到神轎進入廟後再隨同啟程。

　　「鼓吹陣」是由鼓吹所組成的陣頭，民間稱作鼓吹，正式名稱則叫「嗩吶」，聲音高亢明亮，是臺灣民間各種婚喪喜慶場合經常可見的傳統樂器。不過用在不同場合卻有不同稱呼，用在廟會進香的神轎前叫做「轎前吹」；若是用在出殯場合則稱「棺前吹」，但無論如何，主要的意義都是在「帶路」，以增加熱鬧氣氛。

由嗩吶引導的轎前吹

　　長筒形的通鼓，上下筒口皆蒙牛皮，發出如「通通」的音響。而鐃鈸為銅製的二種樂器，中心隆起如圓丘，每副兩片，相擊而發聲。鐃和鈸是兩種不同樂器，隆起部分小的為鐃，又稱「小鈔」，音色響亮；隆起部分大的為鈸，又稱「大鈔」，音色渾厚。一般鐃鈸為兩片相互撞擊發聲，但大甲媽祖進香團轎前吹的鐃鈸則祇有一面且以鼓錘敲打，這是與眾不同之處。

　　轎前吹的基本班底共三人，吹奏嗩吶二人及敲鑼鈸一人；嗩吶是主奏，鼓手同時負責小鈔，一手抱鼓，一手拿鼓槌，一面敲鼓、一面擊鈸，依節奏敲擊，達到替嗩吶伴奏或打拍子的作用。

轎前吹做為遶境活動的前導隊伍

⑭ 令旗

令旗造型為一四方黃色布旗，中間黑圈為底，內圈繡有「令」字，兩支分別位於媽祖鑾轎之左右兩側，具有除煞驅魔闢邪降妖的功用，遶境進香去程的途中是走在涼傘的前方，若途中遇到喪家，則必須擋在轎前；回程時則護於轎前緊遮蓋住轎門之前。

黃色令旗具有除煞鎮魔功用

15 馬頭鑼

在遶境進香的陣頭中，只要看見涼傘，就等於看見大轎。而在涼傘前左右兩側則有令旗及馬頭鑼。

馬頭鑼為兩面鑼，位於涼傘前左右兩側，平時單擊十一下，緊接著兩下急促敲擊表示神轎即將停駕，或媽祖將起駕。在行進當中，遇過橋、墓地、喪宅、及其它被認為有不乾淨的可能處所，馬頭鑼快速敲打有如急雨；謂之「亂鑼」；似藉著鑼聲，通告眾妖邪，媽祖即將到來須盡速遠離，直到通過後才又恢復正常。

馬頭鑼挑選時必須選擇聲音響亮、不能有雜音的，據說響亮的鑼聲，具有驅邪趕煞之用，因此視為一襯托氣氛及通報訊號之功能。事實上，這種具有時刻、場合宣告作用的功能，才是馬頭鑼在遶境陣頭中原來的角色。

16 涼傘

涼傘是給媽祖沿途遮陽歇涼之意，古代稱為「萬民傘」，別名「華蓋」，是古代帝王出巡時為其遮陽之用。

大甲鎮瀾宮「涼傘」為圓形，構造分三層，上繡有「大甲鎮瀾宮天上聖母」及中層繡有八仙祝壽、下層更繡有雙龍朝珠圖案，各層之間則繡上彩鳳紋路用以區隔，分別代表天、地、水三界。八仙法器，押煞辟邪，自有進香以來，涼傘即在轎前，取地球自轉、不急不徐之意，以逆時鐘方向不停轉動，於神轎前為媽祖的前導華蓋，以突顯出遶境的莊嚴。

進香隊伍行進時，持涼傘者必須不斷地以逆時鐘方式旋轉涼傘，若是進香途中遇到兩神交會，持涼傘者則互以踩七星步互表敬意。

大甲鎮瀾宮「涼傘」為圓形，構造分「天、地、水」三層，上繡有「大甲鎮瀾宮天上聖母」

天
繡紋「大甲鎮瀾宮
天上聖母」

地
繡紋「八仙祝壽」
圖樣

水
繡紋「雙龍朝珠」
圖樣

持涼傘者必須不斷
地以逆時鐘方式旋
轉涼傘

17 媽祖鑾轎

　　神明要從所在廟宇出發前往其他地方時所乘坐的交通工具，稱為「神轎」。神轎的種類有從很簡單的外觀，到極為繁複的四角形、六角形、八角形等。神轎是神明遊行遶境或進香祈願時的「流動房子」，不同的神明要坐不同的神轎。

鎮瀾宮媽祖鑾轎

鎮瀾宮媽祖鑾轎屬文轎

　　一般來說，神轎依神明性質可分為文轎和武轎兩大類，武轎是王爺、千歲、關帝爺等武將出身的神明所乘坐，類神轎後方插有五方營旗。而媽祖乘坐的則是文轎。文轎、武轎的配置從外觀上來看，最大的差別在於：文轎有轎頂，武轎則無。媽祖雖坐文轎，但有一特別名稱：鳳鑾。

插有五營令旗的三太子武轎

轎班事務

　　神轎用料多選檜木、樟木或烏心石，所雕刻的圖案，大多由雕刻師自由配以花鳥、麒麟

等吉祥圖案，鳳圖則是鳳輦必備的，轎內外的雕刻極盡華美之能事，顯示出對神明的崇高敬仰。文轎較重，約兩百台斤左右，抬轎時一組要八人，並需有二至三組人員替換。文轎較重是因為有轎頂，且整座都是原木雕刻，是最精美的神轎類型。

而轎班則是負責神轎的所有事宜，舉凡神轎出發的前置作業，如綁轎、進香期間抬轎與管理的工作，以及供民眾祈求敬茶與爐丹等，都屬於轎班任務。目前負責神轎班事務的有大安海口班及大甲橫圳班，每年由此兩班相互輪流負責。想加入者需擲筊獲得媽祖同意才可加入抬轎的行列。

媽祖鑾轎轎班，想加入者需擲筊獲得媽祖同意才可加入抬轎的行列

鑽轎腳

大甲媽祖鑾轎是整個進香隊伍中的壓軸。外型有如一座小廟，上有頂蓋，由八人扛抬，其功能僅提供神明乘坐，轎內坐有「正爐媽」、「副爐媽」、「湄洲媽」等三尊，配祀赤足的千里眼和順風耳；而媽祖「大印」、「代天巡狩令」、「令旗」一把，「五營旗」一組，「香爐」、「檀香爐」各一只，而芭蕉扇則緊隨神轎之後。神轎所到之處，信徒皆準備香案迎接，鞭炮聲不絕於耳。媽祖遶境期間，沿途總有不少民眾伏跪於地上成一長排隊伍等待「鑽轎腳」，其目的是為了消除業障並驅除厄運。但孕婦不能鑽轎腳，因神轎上有八卦，怕會傷害到胎神。其實鑽轎腳原本是信眾為答謝媽祖庇祐，在進香途中跪在中央讓神轎從身上越過，表示自願做為媽祖的「墊腳」，現在則變

鑽轎腳的信眾，在鑽轎時須注意：手持的進香旗應先收好，並且不可拿香

成祈安解厄的功能。在大甲媽祖進香過程中，估計參與「鑽轎腳」的信徒超過十萬人。

鑽轎腳的信眾

鑽轎腳的小小信徒，被媽祖加持後的幸福笑容

神轎拜廟行禮

　　大甲媽祖神轎經過廟宇時拜廟是採「踏大小禮」的方式行禮，這是大甲媽祖獨特的行禮方式。而面對遶境進香途中，尤其是請神入轎和駐駕時，人潮蜂擁而至，有的爭先恐後欲抬轎，許多信徒伸手觸摸神轎及神像，有些則在神轎駐駕離開後，紛紛爭搶轎腳金。在彰化地區，信徒更流行「搶轎」，各式各樣、形形色色的搶轎方式，都只是信徒們希望能多受媽祖的庇祐。

大甲媽駐駕時，人潮蜂擁而至，爭先恐後的想要抬轎、摸轎以祈求媽祖庇佑

步伐禮數

大甲媽，有一種全臺唯一的禮數「踏大小禮」，就是神轎在廟中間一拜「蹲腳」，再向左三步一拜「蹲腳」，再向右五步一拜「蹲腳」，再回中間一拜「蹲腳」，這就是「踏大小禮」，如果只是在中間一拜「蹲腳」，就只是「踏小禮」。與全臺各地之「三進三出犁轎大禮」不一樣的。

18 自行車隊

　　自行車隊是進香隊伍之一，不做表演，以壯觀場面為首要任務，但龐大的陣容、整齊的裝扮、排場，比起一般陣頭更具可看性。

　　車隊組織完整，紀律嚴明，且整齊的打扮及裝備，最吸引民眾的目光，隊員一律穿著白長襯衫、繫紅色領帶、戴白色手套、掛黃色臂章、著卡其色長褲、頂白帽，連腳踏車的裝備也同一樣式；車前插著進香旗，車後載鐵皮行李箱，箱上貼著鎮瀾宮符籙，箱內裝盥洗衣物。這種井然有序、紀律嚴明的隊伍，堪稱是進香示範隊伍。

　　因自行車的速度與進香隊伍無法配合，所以自行車隊都是按照自己的速度行進，只有在媽祖神轎要進廟或遶境市區時，才會在進香隊伍中看見他們浩浩蕩蕩的陣容。

　　自行車隊多以兩路縱隊行進，但和其他進香隊伍最大的不同是，自行車隊還有一項重大任務，就是充當大甲媽祖的「鐵衛」。每當大甲媽祖的神轎要進入彰化天后宮、西螺福興宮、北斗奠安宮和目的地新港奉天宮駐駕時，自行車隊便要在轎後的適當地點切斷所有的隨香客，用腳踏車圍堵成一道車牆，阻止蜂擁而至的香客。由於人潮不斷湧進，造成推擠，所以必須挑選年輕力壯者，每三人合頂一輛腳踏車，以免車牆被人潮壓垮沖斷。如此龐大而整齊的團隊，在廟前左右自動兩列排開，主動維持交通秩序，使自行車隊獲得媽祖「鐵衛」的美譽。

自行車團有媽祖「鐵衛」的美譽

起馬宴

　　依照往例，鎮瀾宮在鑾轎起駕出發前會辦理「起馬宴」，一則招待隨行媽祖出發的陣頭隊伍，另則也是慰勞工作人員並表達謝意。在媽祖起駕前三天，廟方舉辦起馬宴，在起馬宴之後，所有相關人員就必須進行三天的齋戒，準備出發。「起馬」意為「起駕」，起馬宴是進香前的聚餐宴會，大甲媽祖進香前三天，由鎮瀾宮宴請進香團的各香頭、陣頭成員、服務人員及沿途所經各宮廟主事者、地方政治人物等，「吃過起馬宴後，大家就要開始吃素了，也祈求這次遶境進香順利平安」。

鎮瀾宮在鑾轎起駕出發前會辦理「起馬宴」，「起馬」意為「起駕」，起馬宴是進香前相關人員的聚餐宴會

遶境進香時程路關圖

（以民國一〇二年遶境為例）

第一天駐駕南瑤宮

【Day1】
第一天凌晨從大甲鎮瀾宮出發（大肚永和宮→大肚鎮明宮→彰化永安宮→茄苳王公廟），駐駕彰化南瑤宮

彰化南瑤宮

彰化天后宮

彰化天后宮

深夜十一點起駕

【啟程前】
大甲鎮瀾宮大甲媽鑾轎於深夜十一點起駕

清水朝興宮

【Day7】
第七天北斗奠安宮啟程（員林福寧→花壇中庄福安宮→白沙坑文德宮），駐駕彰化天后宮

大甲鎮瀾宮

【Day9】
第九天回鑾大甲鎮瀾宮

【Day8】
第八天彰化天后宮啟程（沙鹿福興宮→清水壽天宮→清水紫雲巖→清水慈雲宮）駐駕清水朝興宮

清水朝興宮

大甲鎮瀾宮

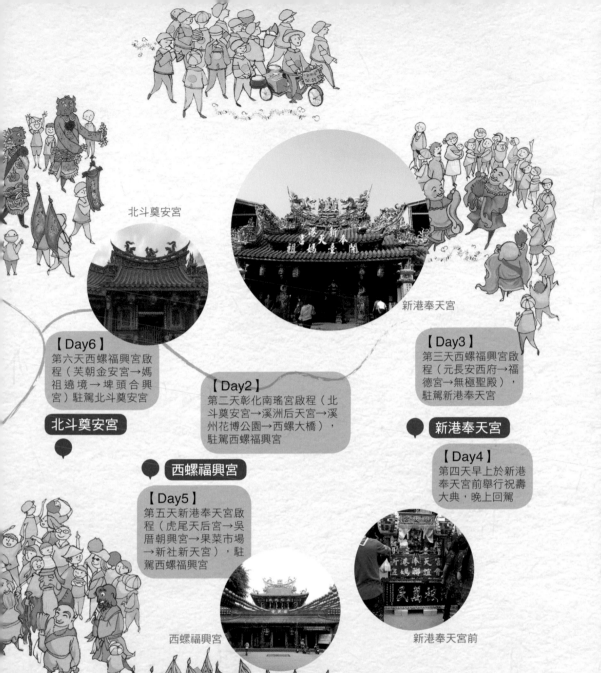

北斗奠安宮

新港奉天宮

【Day6】
第六天西螺福興宮啟程（芙朝金安宮→媽祖遶境→埤頭合興宮）駐駕北斗奠安宮

【Day3】
第三天西螺福興宮啟程（元長安西府→福德宮→無極聖殿），駐駕新港奉天宮

● 北斗奠安宮

【Day2】
第二天彰化南瑤宮啟程（北斗奠安宮→溪洲后天宮→溪州花博公園→西螺大橋），駐駕西螺福興宮

● 新港奉天宮

● 西螺福興宮

【Day4】
第四天早上於新港奉天宮前舉行祝壽大典，晚上回駕

【Day5】
第五天新港奉天宮啟程（虎尾天后宮→吳厝朝興宮→果菜市場→新社新天宮），駐駕西螺福興宮

西螺福興宮

新港奉天宮前

跟著圖解
看路關

九天八夜遶境路線
駐駕宮廟特色

Day 1 大甲鎮瀾宮

民國一〇二年媽祖鑾駕當晚大甲鎮瀾宮，媽祖起駕，八萬名信徒恭送，場面壯觀，雖然大甲區下雨不停，民眾仍冒雨跟隨媽祖出巡，起駕儀式由副總統吳敦義扶鑾轎，而藝人任賢齊也徒步隨駕。

大甲媽鑾轎於深夜十一點起駕，信徒雙手皆爭相觸摸，素有雨水媽稱號的大甲媽，起駕這天，天降甘霖，為苦旱大地解渴，八萬名信徒，冒雨恭送，舞獅團頭套塑膠袋，鼓樂隊撐傘穿雨衣，在熱鬧的鞭炮聲及鑼鼓聲中起駕。

信徒男女老少，還有藝人也報到，鑾轎隊伍連二十公尺長的廟埕，平常不用一分鐘，這天花了二十分鐘，後方尾隨的各種造型不同的陣頭、藝術、武術、車鼓陣及進香團，龍陣、虎陣、藝閣、神偶及神轎也無所不有，北管、南管、大甲五十三庄傳統武術等爭奇鬥艷，經過大甲溪橋時，更有高空煙火齊放，宛如一場盛大的嘉年華會。

一〇二年大甲媽九天八夜的遶境祈福，途經二十一鄉鎮，並首度增遶田尾市區，新增停駕六廟，共參拜近一百二十間廟宇，全程三百四十公里；國曆四月九日將於新港奉天宮舉行祝壽典禮，十三日晚上駐駕清水朝興宮，十四日回駕安座。

伸港福安宮進香旗

大甲鎮瀾宮內手持進香旗準備
出發的信徒

Day 1 彰化南瑤宮

　　南瑤宮是臺灣彰化縣一座主祀天上聖母的媽祖廟，南瑤宮之建廟起源，至今缺乏詳細資料可資考證，約略建廟時間乃於十八世紀清朝乾隆年間，唯根據日人所留「寺廟台帳」記載，傳聞在清雍正元年（1723）彰化設縣後，請窯工楊謙自諸羅縣（今嘉義縣）笨港應募工事，其將笨港天上聖母之香火攜來，藉為庇身之用。香火掛在現在廟址的工寮內，每入夜頻見五彩毫光，附近居民都認為是神之顯靈，遂於現彰化縣彰化市南瑤里集資雕塑天上聖母神像一尊，奉祀於隔鄰的福德廟（土地公廟）內，因香火鼎盛，屢稱靈驗，遂在彰化縣城南門外，建廟奉祀。南瑤宮媽祖有「彰化媽蔭外方」之美名。現為中臺灣的重要歷史古廟，民國七十四年四月二十五日中華民國內政部公告指定為三級古蹟，現為彰化縣政府指定之縣定古蹟。

南瑤宮鎮
殿媽祖／
禿鷹提供

彰化南瑤宮／禿鷹提供

　　俗稱「舊街媽祖廟」，奉祀主神是天上聖母（媽祖），創建於清雍正元年（1723），廟內留存了許多的古物：天上聖母神像、十八羅漢像，雕工細膩，神情生動，出自名家之手。兩根石柱和兩座石獅是同治年間所立，石材為來自大陸的隴石，是精工雕琢珍貴的藝術品。廟內還有年代久遠的幾塊牌匾：「海國安瀾」、「好義從風」、「莫不尊親」等，使殿宇增輝。

西螺福興宮鎮殿媽祖

　　現在的廟堂是數年前重新整建完成，屬於三樓式殿宇，每年三、四月大甲媽祖遶境到嘉義新港奉天宮活動，途中重要休息站就是西螺福興宮，每年此時，鎮內湧進萬人信徒、陣頭，比農曆過年還熱鬧，成為西螺鎮內每年之一大盛事。

西螺福興宮

西螺福興宮遶境花車

新港奉天宮　　　　　　　　新港奉天宮廟埕前駐駕鑾轎

原在諸羅縣外九莊笨港街，清康熙三十九年（1700）由當地居民合建，主祀湄洲媽祖（俗稱「船仔媽」）。康熙末年改名笨港天后宮，並經多次重修。

清乾隆年間，笨港溪畔三康榔（今雲林縣元長鄉客仔厝）居民發現笨港溪上流來樟木，此樟木在夜間發出毫光，居民稱奇之外，將此水流樟獻給天后宮，笨港天后宮依其大小雕了三尊媽祖，稱為：大媽、二媽、三媽。

嘉慶四年（1799），笨港溪洪水氾濫及幾次民變、械鬥之下，笨港街市大為損傷，被分為笨南港及笨北港，天后宮也被洪水沖毀，廟內神明及文物暫時移到麻園寮（後稱新南港，即今新港）肇慶堂內安奉，並重立宮廟。因笨北港居民朝拜媽祖需涉溪水之不便，要求在笨北港另建宮廟奉祀，當時聞人福建水師提督王得祿將軍出面調停，乃決定「大媽」及「船仔媽」留在笨南港，「二媽」到笨北港，「三媽」由他本人請回牛稠溪（現今溪北）暫供於提督公館「奉茶」，在王得祿逝世後，則歸入溪北六興宮奉祀。

溪北六興宮「黑面三媽」

據傳聞當「三媽」在往王得祿提督公館途中，在溪北休息之後不再前進，經擲筊媽祖示意於當地建廟，因此王得祿召集附近六個村庄共同建廟，廟成名為「六興宮」。

當時肇慶堂住持景瑞發起建廟，經王得祿將軍捐俸及十八庄頭人共同捐貲，於嘉慶十七年（1812）落成，名為「奉天宮」。

嘉慶年間的，除將笨港媽祖移到麻園寮，爾後，大媽所駐之宮即奉天宮，而二媽之宮為朝天宮。此時笨港天后宮一分為三，同時三者均存有王得祿將軍所賜之匾額。

現存的新港奉天宮，坐北朝南略偏西，位於新港鄉大興村新民路與中山路交口上，正對著中山路。是一座三開間四進帶左右護龍及鐘鼓樓的建築。三開間的前殿，正面以石雕為主，多為清宣統三年（1911）至日治時期大正二年（1913）之間所刻。前後檐各有精雕石柱一對，前檐為八仙蟠龍柱，後檐為花鳥柱。中門彩繪升降龍門神，左右山牆均用石堵，次間後檐安蟠龍壁柱，是他廟所罕見的風格。

帶有八柱拜亭的正主祀聖母媽祖，與前間用院牆區隔、八卦月門連通；與正殿交接的搭牽梁上，立有「尪番」斗座，形象特殊；額枋上懸有王得祿在嘉慶二十年（1815）所獻的「聖慈母德」匾。

後殿主祀觀音菩薩，配祀文殊、普賢，左奉福德正神，右奉註生娘娘及八位婆娘；左右翼殿配祀文昌帝君及關聖帝君；左右護龍廳供奉笨港城隍及功德主王得祿、檀越主林溪和等長生祿位；第四進則為新建的凌霄寶殿，不論格局或造形均與古蹟原制相去甚遠。

虎爺愛吃炮，因此遶境時鞭炮放得越多、炸的愈旺，來年的運勢、財運也會愈來愈旺盛。而且虎爺最好是拜「金虎爺」，因為這樣才會「真好額」（台語）。

Day 6　北斗奠安宮

　　由於北斗媽祖廟從東螺街遷來，因此北斗奠安宮所奉祀的媽祖又稱
「東螺媽」，與彰化南瑤宮、鹿港天后宮齊名並列為彰化縣三大媽祖廟。
奠安宮約略創建於清康熙年間，前身為東螺街天后宮（舊址於溪州鄉舊眉
村）。

　　由於水災、兵禍以及漳泉二族械鬥，於清雍正九年（1732），一部
分漳人（即偏東沙仔崙建街，現在舊街仔）向北遷徙居望庄（即現在睦宜
村）；泉人則西移，創建東螺西保舊社街（即現在舊眉村東方，圳寮村北
方一帶）。爾後東螺街傾圮，卜示媽祖後，擇於東螺溪與清水溪之間一處
「寶斗」的高亢河洲地，購地重建街肆與天后宮，希望在媽祖的庇祐之下，
街民從此安居樂業，故取「奠定厥居，安集乎民」之意，將「天后宮」更
名為「奠安宮」。

北斗奠安宮

莫安宮內大神尪仔

Day 7　彰化天后宮

　　彰化天后宮奉祀湄州天上聖母，位於彰化縣城內，又稱內媽祖（有別於彰化南瑤宮之外媽祖），俗稱「湄州媽祖」，供奉湄州天上聖母，因清代為官方祭祀之媽祖，始稱為「天后宮」，因此盛名遠播。為與縣治南門之外的南瑤宮有別，故一般以「內媽祖」（天后宮）、「外媽祖」（南瑤宮）分別稱之。據說神龕內有二尊在清康熙年間，由湄洲祖廟請來的軟身髮髻媽祖，髮髻以真髮裝飾，每年壽誕時廟方會為神像梳髮。

俗稱內媽祖的彰化天后宮媽祖

　　清領時期由官方祭祀，宮內之媽祖係由鹿港天后宮分靈而來，歷經修建的天后宮廟體已不復古意，日治時期在太平洋戰爭中天后宮廟宇損毀，民國四十九年遷到現址重建。廟宇座落於彰化市之鬧區，惟因媽祖靈驗，香火依舊不輟，尤其每年農曆三月二十三日媽祖誕辰之時，是廟方一年一度的盛事。

彰化天后宮鎮殿媽祖

Day 8　清水朝興宮

　　台中市清水區下湳里朝興宮，供奉天上聖母，是一座歷史悠久之廟宇，據廟方所云，有廟至今已歷一百九十年，唯廟之沿革並無文字詳盡記載。據傳說，朝興宮之媽祖，於清雍正十年（1732），由黃姓先人從福建恭請天上聖母來台奉祀於下湳仔菜寮自宅中，先是自行祭祀，附近居民亦至黃姓家中朝拜媽祖，因媽祖神威顯赫、救苦救難、逢凶化吉、救世庇民，有求必應，故香火興旺，漸為鄰近居民之信仰中心。

　　至清道光元年（1821），信徒日增，每逢年節或媽祖聖誕，黃姓家族之家中無法容納眾多之信眾，遂發起建廟，先前乃在現廟址以土角厝方式建廟，廟名「朝興宮」。至民國七十三年農曆元月，因廟宇年久失修，遂在原址重建，於同年，竣工為現廟貌。

朝興宮匾額

清水朝興宮

Day 9 大甲鎮瀾宮

大甲媽祖進入大甲後，迎駕信眾比送駕人潮還要多，加上大甲鎮家戶幾乎都舉辦流水席，湧進十多萬外地食客，他們吃完飯後，也夾在人群中向媽祖神轎膜拜，並陪同媽祖在市區遶境，全鎮熱鬧歡騰，宛如不夜城。

台中市境內沿途幾乎家家戶戶都擺好香案，備妥鮮花、水果及點心攤，迎接大甲媽回鑾及招待隨同步行的信眾，有不少大甲、清水的信眾，提前趕到台中、彰化交界的大肚溪橋頭迎駕，也有來自全台各地信眾趕到橋頭，陪大甲媽走最後一段，一路鑼鼓喧天，

大甲鎮瀾宮鎮殿媽祖

鞭炮聲不絕於耳。媽祖鑾轎返抵廟門時，嗩吶聲與鞭炮聲震天，鎮瀾宮董事長等人迎接鑾駕，信徒爭相摸觸神龕祈求平安順利，並將媽祖神龕護送入宮，隨後立即進行安座大典。

媽祖鑾轎被信眾擁護進入鎮瀾宮

媽祖遶境新態樣——萬人崇 Bike VS 萬眾騎 Bike

萬人崇 Bike

第一屆「萬人崇 Bike」舉辦於民國九十六年，由行政院體育委員會指導、臺灣富維克主辦，在臺北市大佳河濱公園共同見證新紀錄的創立。活動舉辦有著多重意涵，一方面提供崇祀媽祖的新形態活動以吸引新的信眾，另一方面透過信仰串聯符合健康、環保、全家休閒等面向的休閒活動，最重要的是透過金氏世界紀錄的申請，讓世界看見臺灣，看見媽祖護佑的臺灣。

2006 年荷蘭創下「641 輛自行車連續不間斷地，在一定距離內的自行車遊行」，而臺灣也透過這項挑戰活動，到了民國九十七年，將活動場地轉移到大甲體育場，並配合大甲鎮瀾宮媽祖遶境，規劃出更有意義的活動路線，目前遠程活動路線已漸漸固定以大甲鎮瀾宮附近的體育場到新港奉天宮為主，這不只結合宗教信仰，也讓世界看見臺灣在地的自行車工業，更提供國人一場結合運動休閒、宗教文化及闔家參與的新休閒文化活動。

萬眾騎 Bike

而萬眾騎 Bike 活動是民國一百年由台中市政府慶祝台中縣市合併升格而擴大舉辦大甲媽國際觀光文化節，「萬眾騎福 Bike 媽祖」自行車活動，以環山海屯路線象徵縣市合併以凸顯大台中直轄市特色，四大媽祖廟自行車巡禮，一覽大台中媽祖文化與觀光景點之美。歷屆名稱按十二生肖命名

參與萬眾騎 Bike 宮廟的可愛公仔造型
／大甲鎮瀾宮提供

蛇年萬眾騎 Bike 鳴笛起跑
／大甲鎮瀾宮提供

分別是「2011 萬眾騎福 Bike 媽祖」、「2012 萬眾騎 Bike 龍遊台中」、「2013 萬眾騎 Bike 蛇來運轉，悠遊台中」、「2014 萬眾騎 BIKE 馬躍台中」。民國一百年到一〇二年活動草辦初期，僅邀請四間宮廟；到民國一〇三年三月二十九日登場的「2014 萬眾騎 BIKE 馬躍台中」，已增加至六間宮廟。活動每年出發地點不同，一〇三年從台中市豐原鎮清宮廟庭廣場出發，一路行經大甲鎮瀾宮、社口萬興宮、大雅永興宮、南屯萬和宮、旱溪樂成宮，再回到豐原鎮清宮，全程約八十八公里，可以說是一場媽祖廟的祈（騎）福之旅。

喜愛運動的香客，將來可別再崇 BIKE ？騎 BIKE ？傻傻分不清！崇 Bike 可一路拜到新港去，全程約一百三十公里，俗稱「御風祈（騎）福」組；騎 Bike，則可以一次拜齊、逛遍大台中山、海、屯的數間媽祖宮廟，活動時間都約略在媽祖農曆生日前，媽祖的信徒們、喜愛運動的朋友，可以擇一或時間允許的情況下兩條路線都參與，一次滿足宗教信仰上御風祈福、再上山下海的另類感受。

選手們在鎮清宮（補給站）前休息／大甲鎮瀾宮提供

前言

　　彰化縣開發甚早,從雍正元年(1723)開始臺灣府下設彰化縣,虎尾溪以北至雞籠、淡水悉歸彰化縣所轄,直至雍正九元,大甲溪以北才劃歸淡水廳。縣治設在半線(今彰化市),因此彰化縣是清朝時期邑治之所在,並在雍正十二年(1735)建城。其所擁有豐厚的文化涵養中,宗教已成為彰化不可缺少的文化元素。彰化建城至今已快三百年,在臺灣史上更有其歷史定位。

　　彰化縣打從民國九十七年起,開始匯聚公部門及地方宮廟的力量,共同舉辦「彰化縣媽祖遶境祈福活動」,聚集縣內極具地方影響力的媽祖廟,如彰化南瑤宮、芬園寶藏寺、社頭枋橋頭天門宮、田中乾德宮、埤頭合興宮、員林福寧宮、北斗奠安宮、二林仁和宮、芳苑普天宮、王功福海宮、伸港福安宮等十一間宮廟聯合遶境祈福,到民國一百年加入鹿港臺灣護聖宮,共十二間宮廟,活動一年比一年熱鬧。

彰化各宮廟媽祖駐駕
／謝瑞隆提供

彰化縣遶境祈福活動特別選在農曆九月九日媽祖得道昇天紀念日前舉辦,由各宮廟輪流擔任爐主,民國九十七年由王功福海宮擔任第一屆爐主。圖為活動舉辦時,沿途鑽轎腳的信眾／謝瑞隆提供

沿路特色廟宇

彰化南瑤宮

　　彰化市有兩座媽祖廟，原縣城內媽祖「彰化天后宮」為官建，現牽至永樂街；另一座媽祖廟為彰化城南門外媽祖，就是現今擁有眾多信徒的「南瑤宮」。南瑤宮由乾隆年間創建至今已有二百多年，按《彰化縣志》所載：「天后聖母廟……一在邑治南門外尾窯，乾隆中士民公建，歲往笨港進香，男女塞道，屢著靈應。」描述了南瑤宮的興建過程，也描述了當時南瑤宮每年一次至笨港的進香活動，更描寫了當時南瑤宮香火鼎盛、媽祖靈驗，香客往來、絡繹不絕的盛況。

芬園寶藏寺

　　彰化有所謂三巖二寺，二寺指的就是位於芬園的寶藏寺以及鹿港的龍山寺，而三巖就是花壇鄉的虎山巖、社頭的清水巖以及位於南投市八卦山麓的碧山巖。由此可知寶藏寺之建寺年代久遠，在臺灣中部的寺廟地位崇高。而寶藏寺之創建，根據廟方碑文及地方上的說法，本寺原為供奉觀音菩薩的佛教寺廟，於清初康熙十一年（1672）建廟，康熙二十七年（1688）建前殿。傳說中曾有一位來自嘉義的泉州人帶來了媽祖的神符，顯赫威靈。傳言雍正元年（1723）芬園地區曾大鬧瘟疫，斯時適逢鹿港天后

寶藏寺媽祖

宮媽祖遶境經過寶藏寺，曾暫住本寺為民治病，故使瘟疫之民困抒解。但依據彰化縣誌之記載，則載明寶藏寺於乾隆五十年（1785），由地方村民所公建。

員林福寧宮

員林福寧宮

員林福寧宮前身為「廣福宮」，創建於清道光九年（1829），即廣東人與福建人共同創建，後經閩粵來臺之先民們協議，因為生活習俗和語言不同而分開各自供奉，「廣寧宮」（王爺宮）供奉三山國王。「福寧宮」主祀溫陵媽，奉祀之媽祖相傳為湄洲二媽（金身為軟身打造），相傳福寧宮奉祀的媽祖神像是清代原籍福建的先民渡臺時，從湄洲祖廟奉迎而來。同船的正好是廣東籍的人士所奉祀的是三山國王，在鹿港登陸後，兩尊神像都暫時寄奉在鹿港天后宮。後來，拓墾先民在員林立下根基後，媽祖才輾轉迎到燕霧地區（員林一帶），照護庇蔭此區的黎民百姓。

社頭枋橋頭天門宮

社頭古屬武東堡。原來在康熙六十年代，武東堡及武西堡原為一堡，稱大武郡堡；雍正十二年拆分為二堡，稱大武郡東堡及大武郡西堡；乾隆年間簡稱武東堡及武西堡。而東西堡加起來共有九十五個庄名。枋橋頭天門宮創建於清乾隆、嘉慶年間，早期是大武郡堡（社頭、永靖、埔心等地）的信仰中心，枋橋頭七十二庄頭以聯庄組織的力量來保衛家園，形成由媽祖為信仰中心來凝聚七十二庄子民的集體防衛力量。枋橋頭天后宮訂有固定時間回鹿港天后宮（舊祖宮）謁祖，由民國九十年起訂為每十年後連續三年回鹿港謁祖。

社頭枋橋頭天門宮媽祖

田中乾德宮

田中乾德宮是田中鎮首屈一指的信仰中心，在《彰化縣志》中有云：「天后聖母廟……，一在悅興街」，加上嘉慶元年（1796）「新社宮天上聖母碑」碑文記載朱添等將其田租作為新社宮雜支齋費，因此，田中乾德

宮都以悅興街新社宮的後身自居。據傳：清道光年間，某夏大雨造成洪水
泛濫成災，悅興街被洪水淹沒流失，居民遷往沙仔崙街，也讓新社宮走入
歷史，並於嘉慶五年在現今沙仔崙天受宮廟址興建「乾德宮」，奉祀媽祖。

　　乾德宮正殿神龕上方懸有一塊清嘉慶五年（1800）的匾額「恬瀾昭
貺」，中央雕有雙龍拱「御賜」二字，鎮民盛傳這塊匾額由嘉慶君所贈，
同時也是悅興街新社宮遺留的文物，現今已成為乾德宮鎮宮之寶，也是乾
德宮在歷史洪流中占有一席之地的證據。

北斗奠安宮

　　按《臺中州寺廟臺帳》第一冊北斗街「奠安宮」項下記載，建廟日
期為康熙五十七年（1718）五月，而奠安宮早期發行的《北斗鎮奠安宮概
史》則宣稱廟宇創建於康熙二十三年（1864），考量東螺街漢人聚落的整
體發展，康熙年間創建該廟時，草創期應該規模不大，隨著祭祀、信徒各
方面的需求而逐漸擴大，再加上東螺街廓的逐漸形成，東螺街天后宮漸漸
發展，因此奠安宮可說是彰南地區在康熙年間較早出現的媽祖廟。因為嘉
慶年間的水災、兵馬倥傯以及漳泉械鬥，重新於寶斗一地擇一處高地興建
天后宮，為使居民安居樂業將「天后宮」改為「奠安宮」。

埤頭合興宮

　　清乾隆年間，鄉民從大陸移墾來臺而致定居，合興宮創建後，逐漸成
為地方的信仰中心，廟內一塊清道光八年（1828）的木匾「合興宮」碑文
道出合興宮的創建年代，碑文記有：「……我朝崇奉天上聖母，建立祠宇，
春秋享祀，由來久矣。埔心有合興宮，地頗清幽，廟亦整肅，溯自興建以
來，肇於乾隆之己亥年……」乾隆己亥年即乾隆四十四年（1779），再配
合廟中所藏古匾「乾德配天」為己亥年桐月所立，可知乾隆四十四年為創
建年代。當地居民世代相傳一段媽祖接炸彈的神蹟，晚近鄉民即以「炸彈
媽」來稱呼合興宮媽祖。

　　其中最重要的是清嘉慶十七年（1812）楊桂森親蒞合興宮所獻的「成
就最上」匾。楊桂森於清嘉慶十五年調任彰化知縣，任內建樹頗多，「成
就最上」一匾因而成為合興宮引以為傲的歷史文物。

二林仁和宮

　　二林仁和宮為彰化縣古老的媽祖廟之一，創立時間可追溯至清康熙五十八年（1719），當時並未設於本址，真正創立於本址應是清乾隆年間，到嘉慶二十年才更名的「仁和宮」。民國七十四年內政部公告指定仁和宮為臺閩地區第三級古蹟（現為縣定古蹟），其建築格局採自閩南傳統建築風格，為二林地區重要的文化資產。仁和宮正殿上題匾「慈恩浩蕩」，乃清嘉慶二十年（1816 年）的古物，成為見證仁和宮歷史的重要信物。

王功福海宮

　　清嘉慶初年，鹿港外海泥沙淤積，一時王功成了鹿港的外港，伴隨著王功港的興起，福海宮也順勢而肇建。王功福海宮創建於嘉慶十七年（1812），由當時彰化知縣楊桂森出巡蒞臨發現媽祖廟址為龍蝦及穴寶地，但廟小穴大不相配，因而倡議改建。福海宮的建立乃因應閩臺間經營船頭行的郊商出入王功港而興建，整個宮廟的闢建與郊商較為密切。興建完竣後的福海宮，由於王功港逐漸淤淺，商港機能轉移到更南的番仔挖（芳苑），少了郊商支援的福海宮卻也因此慢慢轉化成為王功人所奉祀的寺廟。

　　福海宮正向臺灣海峽，朝陽夕潮的景觀發人詠歎，尤以日落紅霞滿天、漁火萬盞點綴夜海最為動人，名列彰化八景之一的「王功漁火」成為福海宮最美麗的景致。

王功福海宮的廟宇建築工藝　　　　　　　　　　　　王功福海宮

伸港福安宮

福安宮創建於清咸豐、同治年間。相傳福安宮創建初始僅是一間小廟，有信徒蔡天慶拾獲一段五尺餘長的香木。後受天上聖母降旨指示，此木乃聖母所挑選，要雕三尊聖像，在東土臺灣分靈，庇佑在臺灣民眾。由於當時臺灣。無雕璽明師，蔡天慶和柯天祿兩人遂倡議到湄洲天后宮聖廟，奉獻香本並聘明師。

所雕金身三尊，分為大、二、三媽。天祿等人問於主持。何尊金身，奉回臺灣為宜。眾議不決，主持遂邀眾人，在神前擲筶為憑。結果以三媽連擲十二聖筶，允許分靈臺灣。是日，湄洲祖廟即舉辦分香大典，遂迎回新港鄉，築廟安奉，並賜廟名為「福安宮」。

伸港福安宮天上聖母

伸港福安宮媽祖遶境十八庄安營紮寨活動

每年三至四月間固定舉辦福安宮媽祖遶境安營紮寨活動，有史可尋者約百年，是伸港鄉最重要宗教祈安活動之一。

伸港福安宮媽祖遶境安營紮寨活動之範圍可追溯至約清乾隆五年，伸港這片土地上有所謂的「德頤新埔十八庄」形成，包括汴頭庄、埤仔墘庄、東竹圍庄、湖仔內庄、三塊厝庄、溪底庄、草埔仔庄、十八張犁庄、七頭家庄、崙仔頂庄、後湖庄、水尾庄、六塊寮庄、草湖庄、海尾庄、泉州厝庄、溪口厝庄、新港庄等十八庄。其開墾區域大約在今和美鎮塗厝里、本鄉新港村、七嘉村、埤墘村、汴頭村、大同村、什股村、泉厝村、泉州村、曾家村大部分和海尾村、定興村、溪底村南邊一帶地方。

現在遶境範圍為伸港地區十五村里(含伸港鄉十四村及和美鎮湖內里)都會參加，每年固定有三十三頂大轎及眾信徒、陣頭加南管，活動首先會在媽祖出宮前先由法師在福安宮四個方位紮寨十二處。至冬至時，再請示媽祖擇日擲筊收兵送爐。

笨港媽祖廟地理位置

　　笨港在十七世紀荷人所繪地圖中，均稱Ponkan。《臺灣通史》載：「北港一名魍港，即今之笨港，地在雲林縣西」，認為笨港所在即現今雲林北港。但目前學者亦有不同看法，本書不另述，採通說。

　　福建船戶劉定國於明朝天啟二年（1622）奉請湄洲天后宮媽祖（俗稱船仔媽）金身神像，橫渡黑水溝航經笨港時媽祖顯聖，指示永駐此地，從此笨港十寨輪流奉祀，到清康熙三十九年（1700）與外九庄合建天妃廟於笨港，清雍正至乾隆中葉是笨港地區發展最快速的時期，笨港街肆隨人口增加被劃分為南、北二堡。北街屬大槺榔東堡，南街屬打貓西堡，但對外仍合稱笨港街。笨港街上貿易繁興，帶動地方繁榮。但商品價格的訂定、度量衡的標準、公共秩序的維護等問題，都需要有仲裁處置的場所。因此，泉州郊、廈門郊、龍江郊三郊合資在乾隆四年（1739）創建水仙宮（今國定古蹟笨南港水仙宮現址）為公所，處理商務、貿易問題，並兼祀水仙尊王。

北港朝天宮保存的早期隨船媽祖「船仔媽」

今國定古蹟笨南港水仙攻宮旁笨港天后宮

打貓西堡地理位置

打貓西堡是臺灣中南部自清領時期至日治初期的一個行政區劃,其範圍即今嘉義縣的新港鄉北部。打貓西堡北邊為白沙墩堡、打貓北堡,東邊為打貓南堡,南邊為牛稠溪堡,西南邊為大槺榔西堡,西邊為大槺榔東頂堡。

　　清乾隆十五年（1750）,笨港溪（今北港溪）嚴重氾濫,將笨港分為「笨港北街」（笨北港）及「笨港南街」（笨南港）兩部分；清乾隆四十七年（1782）,發生漳泉械鬥,造成泉州人居笨北港、漳州人居笨南港的局面。之後笨北港原地發展成為今日之北港鎮,笨南港則因乾隆五十一年的林爽文事件以及笨港溪水的氾濫,使笨南港住民再次遷移至東南方的「麻園寮」,改稱「新南港」,至清末易名「新港」。笨南港舊街市則改稱「舊南港」（今新港鄉南港村）,雖已因街市遷移而沒落,但今日尚留有不少當年舊跡。分裂也造成一些後續問題,如當年笨港信仰重鎮的笨港天后宮,有一說即是北港朝天宮,但亦有主張為新港奉天宮者,雙方各執一詞而尚無共識,外地人往往難以分辨何者為是。

笨港地區媽祖信仰源流緣起

　　笨港之開發史記大多認為以明朝天啟元年（1621）顏思齊率眾登陸開墾為始，但笨港出現於清文獻，始自康熙 24 年（1685）《臺灣府志》記載「一曰山疊溪，源流有三，至笨港入於海」。而水仙宮創立年代據清乾隆十年范咸《重修臺灣府志》「天后廟：在縣署左。康熙五十六年，知縣周鍾瑄募眾建。又一在外九莊笨港街；三十九年居民同建。一在鹽水港；五十五年居民同建。」因此可推算早在清康熙三十九年時，笨港地區就已經有媽祖廟，並清楚知道早期諸羅縣媽祖廟當時共有三座，在笨港地區的僅有一座。又按清乾隆二十九年余文儀《續修臺灣府志》所載「水仙：在笨港南港街。乾隆四年建。」，因此，當時名稱是天后宮或是其他名稱則在乾隆四年的《續修臺灣府志》才出現水仙宮一詞，但水仙宮是否為康熙年間那座天后廟，至今歷史上一般採信笨港水仙宮應是當時的天后廟。如此推算起來，笨港地區的媽祖信仰的歷史源流應從清康熙三十九年開始算起有三百多年的時間。

　　無論如何，「笨港」是一個具有濃厚媽祖味的地區，也是臺灣早期開發的地方之一。打從天啟元年（1621），顏思齊入墾笨北港於今北港鎮樹腳里（船頭埔）一帶登陸，並於今北港鎮、水林鄉附近設立十寨，封鎖海港及水陸，藉以保護漢人拓墾。天啟四年（1624），鄭芝龍附之，在顏思齊病逝後，鄭芝龍繼承領導地位，在明朝崇禎元年（1628）受招撫，為明朝守海疆。時值福建大旱，鄭芝龍乃號召福建沿海居民入墾臺灣，此為漢人大規模移民臺灣之開始。因移民需由笨港登陸，再往內陸開墾，許多用

溪北六興宮「靈保蒼生」牌匾

品、農具，甚至牛隻及車輛都必須在此採購；內陸的農產品、原住民的鹿皮，亦在此地交易，於是街市日見繁榮，成為臺灣中南部對外門戶，開臺地位僅次於府城臺南或鹿港。

至清雍正八年（1730）始稱「笨港天后宮」，乾隆年間（1765）三慷榔庄（現今雲林縣元長鄉客仔厝）的笨港溪邊由上游漂流來樟木，每逢夜晚即會出毫光，被庄民撈起後，而獻給笨港天后宮，依神諭雕為三尊媽祖神像，樹頭那節雕成之神像稱為「祖媽——大媽」中節雕成之神像稱為「二媽」，末節雕成之神像稱為「三媽」，此三神像與「船仔媽——開臺媽祖」同奉祀於笨港天后宮內。

嘉慶二年（1797）颱風來襲，笨港災情慘重，積水三日始退，溪流改道，介於笨港南街之前、後街之間（前街即今南港村），南街之後街遂併入北街，使北街更為熱鬧。此次水災遭致天后宮全毀，協天宮位新河道旁，汲汲可危。當時在天后宮內供奉的三尊媽祖神像經王得祿將軍倡議下，決定籌建新港奉天宮，但在奉天宮落成前，先暫時安奉於土地公廟中。後來，道光六年（1826）新港奉天宮和北港朝天宮爭相奉祀媽祖神像，經王得祿將軍的調解，將大媽奉祀於新港奉天宮，二媽奉祀於北港朝天宮，三媽則由王得祿將軍請回西北自宅公館奉祀。王得祿將軍並在自宅左側創建新廟「六興宮」。從此樹立笨港三大媽祖廟在臺灣地區的信仰地位。

朝天宮前廟街是北港最熱鬧的街肆，例假日常是旅客遊玩的地方

王得祿墓前石像

王得祿

清代臺灣府諸羅縣溝尾（今嘉義縣太保市）人，清治時期著名將領，能協助平定林爽文事件，擊潰朱濆、蔡牽等海盜勢力，並於第一次鴉片戰爭期間協防澎湖。王得祿生前為官至浙江提督，加太子太保銜。死後追封伯爵，並加太子太師銜，為清治時期官位最高的臺籍官員。

王得祿墓碑

北港迓媽祖

千里眼與順風耳神像巨型花燈

民國一百年四月二十一日受中華民國行政院文化部指定為國家重要民俗的「北港朝天宮迎媽祖」，不只是北港朝天宮的年度盛會，更可說是北港鎮全鎮的嘉年華會。每年農曆三月十九這天，北港家家戶戶都會「辦桌」請遠方來的親友共同享用美食；在朝天宮廟口的遶境隊伍出發後，北港街頭的鞭炮聲此起彼落，全鎮彷彿成了一座炮城。當信徒聽到鞭炮聲就知道媽祖遶境的隊伍已經出巡了，沿路家家戶戶都會準備香案、並備好水果和金爐恭迎聖駕，相較之下原笨南港的新港鄉則異常安靜。

清康熙三十三年（1694），福建湄州朝天閣樹壁和尚奉請媽祖神像來臺，於農曆三月十九日登陸笨港（北港），由信徒立祠奉祀後，每年按例由笨港渡海回湄州謁祖，回程在安平港登陸，三月十九日媽祖鑾駕回抵笨港，同時舉行盛大遶境。後因臺灣割讓日本，海疆亦日益險惡，每年的謁祖行程因而停止，但地方信眾為紀念此一例行謁祖活動，仍迎請聖母遶境。從民國四十四年，農曆一月十五上元祭典由三天縮小為一天後，農曆三月

十九日媽祖遶境遂擴大為二天。第一天上午先前往笨南港遶境，午後回笨北港遶境，至午夜過後才入廟；第二天則上午遶巡新街，午後才回街內。

犁炮炸得越多、越猛，表示對神明越虔誠
／黃虎旗提供

北港迎媽祖兩大重頭戲，其一為北港媽祖犁砲；另一則為晚上的花燈藝閣。「犁炮」在北港朝天宮迎媽祖的信仰禮俗中，首先在民國九十七年七月十一日被指定為「臺灣文化資產」之民俗類，並與臺東炸寒單、鹽水蜂炮並稱為「臺灣三大炮」。另外，在迎媽祖的當天至農曆三月二十三日媽祖聖誕，也都會伴隨著北港花燈藝閣來遊行。

犁炮

以犁頭的鐵質部位置於高熱的火爐上高溫燒紅，爾後將一組一組的排炮引信劃過加熱後的犁頭點燃，並迅速丟向神轎，進行炸轎儀式，炸得越多、越猛，表示對神明越虔誠。而聲響越大，也表示未來運勢會更旺。

藝閣傳入臺灣據可考文獻，時間至少超過一百五十年，若將康熙年間高拱乾《臺灣府志》內漢人民俗「彩棚」算入，則更遠可推至三百多年前。乾隆十五年（1760）庚午科鄉試解元朱景英（曾任臺灣府北路理番同知），在其《海東札記》中有載：「俗喜迎神賽會。如天后誕辰、中元普度，輒釀金境內，備極鋪排，導從列仗，華侈異常。又出金傭人家垂髫女子，裝扮故事，舁遊於市，謂之「抬閣」，靡靡甚矣。每舉尚王醮設壇，造舟送迎，儼恪糜費，尤屬不貲。」可知藝閣是臺南府城風行已久的習俗。

而藝閣傳入北港則相傳在康熙三十九年，當時朝天宮落成，首次舉行神明遶境大遊行。藝閣最初稱為「裝臺閣」，最早由泉州、廈門引入，是讓穿著古代華麗服飾的優伶或藝姐坐在木製的「閣棚」上自彈自唱，由壯漢抬著來參與媽祖遶境的行列。

由於北港藝閣的藝姐唱的大多是教忠教孝的歷史故事或大家耳熟能

詳的神仙傳奇，因此愛好南管樂曲的文人雅士或當地士紳便相繼投入閣棚的裝飾製作及演唱歌曲的創作，加上笨港行郊不惜鉅資，才使北港迎媽祖的藝閣聞名全臺，笨港地區早在西元 1837 年就已成立有十二個舖會，因商業團體舖會可說是朝天宮藝閣遶境最大的資助者，因此推測此地藝閣慣俗至少有一百七十年以上歷史。

閣棚

據聞「閣棚」早期大約是由二塊塌塌米大小的木板，用四根木棍以井字的形式穿插而成，上面坐著穿著華麗古裝，手抱琵琶的優伶或藝妲，由四至八人扛抬，民國四十年左右，藝閣由人工扛抬改為獸力，即將「閣棚」裝置於牛車上，由牛來拉動，後改以機動三輪車帶動。現在的藝閣越作越大，以卡車裝載，甚至連拖車都用上了。現在藝閣完全改用貨車車體，其外形比當年增大五倍之多，每部都要有發電機隨行。

隊伍中也見小朋友的單輪車陣頭表演

1930 年代的藝閣花車

北港逛媽祖沿路特色宮廟

朝天宮

　　北港朝天宮，俗稱北港媽祖廟，屬於中華民國國定古蹟，清康熙三十三年（1694），佛教臨濟宗第三十四代禪師樹壁和尚從中國大陸福建省湄洲天后宮奉請一尊由宋代所雕塑的軟身媽祖神像至北港朝天宮，因此朝天宮保有全國媽祖廟唯一以佛教進行祭祀儀典的傳統。另外朝天宮有一

處可以特別留意的地方，就是在觀音殿前面的石階中央，有一階可以看見沒入石階的大鐵釘，此乃清朝康熙年間，有位「蕭孝子」，與母親一同由泉州府來臺灣找尋父親，來臺途中又與母親失聯，到了臺灣時，他必須同時尋找父親與母親。這時他流浪到了笨港的媽祖廟，向廟裡的媽祖祈求能早日找到他的父母親，他看到地上有一根粗鐵釘，於是他便向媽祖請求如果能找到他的父母，就讓這根鐵釘能釘入花崗岩石階之中，他徒手將鐵釘往地上釘去，鐵釘應聲釘入堅硬的石階中。這個消息傳遍了笨港，許多人紛紛幫忙打聽他的父母之下落。終於在麥寮找到了他的母親，隨後在鹿港找到了父親。

北港潮天宮萬年香火爐

2013 年世界媽祖會北港

民國一○二年（2013）九月十二日至二十二日，共計十一天。這是由北港朝天宮與中國世界弘道復興協會舉辦的一場空前的世界媽祖會北港活動，媽祖除於波濤險阻之中慈悲護佑人民，已成為全球華人共同的信仰，並以良善精神感召民眾，使人人常存善念，廣為義行，媽祖信仰深植民心，名聞四海，香火鼎盛，其影響力無所不在，活動除見證 4,643 尊神像齊聚之金氏世界紀錄，並祈求國泰民安、風調雨順。由副總統接受金氏世界紀錄英國籍鑑證官致贈「挑戰成功證書」，現場民眾共同見證「世界媽祖會北港」活動中 4,643 尊神像齊聚一堂，並締造二十一世紀萬神祈福大團圓的金氏世界紀錄！

世界媽祖會北港活動現場

水仙宮

水仙宮前殿龍柱上雕刻著「乾隆庚子年」，也訴說著柱上神龍照看著這座創建於清乾隆四年（1739）的水仙宮，據乾隆二十九年余文儀在《續修臺灣府志》所載：「水仙，在笨港南港街。乾隆四年建。」亦成為臺灣在媽祖歷史探源過程中無法消抹的一頁千秋，縱然嘉慶年間北港溪多次的氾濫，也無法沖毀水仙宮在歷史上曾有的輝煌。今日廟宇廳堂空間雖已多次修

水仙宮正殿內媽祖

葺，但古樸依舊，神威不減當年，唯媽祖神像已遷移至水仙宮右後方新建的笨港天后宮。天后宮雖是新建，但整座廟宇以傳統閩南式建築建成，與水仙宮前後呼應，連成一氣，由天后宮回頭欣賞水仙宮右側山牆，美麗一體的粉白灰作雖沒府城祀典武廟山牆的磅礴氣勢，但純樸而狹長的矮牆，且又沒有複雜的小吃依附緊鄰，讓此景的單純倒也另成一趣。

北港聖安宮

一般人以為北港只有「三月瘋媽祖」，其實也「瘋王爺」，而這亦是北港地區特有的廟會特色。鎮內王爺廟很多，如聖安宮的五年千歲，每年就會陪媽祖遶境。北港的這些神明，有的從大陸飄洋過海，有的從其他廟寺分靈而來，皆有悠久的歷史，可見北港以前確實是擁有悠久歷史的古老港口。先民不分閩、客，奉請大陸家鄉神明渡海來臺，祂們都是安慰人們心靈的神明。臺灣的神明十之八九都是廣東、福建一帶分靈而來。福建

北港聖安宮殿內王爺神群像

北港聖安宮

一帶風俗也因而傳到臺灣，跟臺灣的風俗息息相關。除前述熱鬧滾滾的王爺生，此外「五年王爺」出巡活動，鎮內或郊區都呈現鑼鼓喧囂、熱鬧非凡的景象，不論陣頭使出渾身解數獻技表演，或家家戶戶美食盡出宴請賓客，皆讓小鎮歡騰同慶。傳說王爺脾氣大，因此在農曆三月媽祖遶境時五年王爺會陪同遶境，而農曆十月五年王爺遶境時，信徒也會特別請媽祖「作陪」，以免招待不周惹王爺生氣。

慈德禪寺

慈德禪寺

　　原為北港地區齋堂，舊稱慈德堂，日明治四十三年（1910）慈德堂未建前，北港地區民眾必須辛苦跋涉至嘉義廳德和堂參拜（現溪口鄉本厝村），非常不便，因此信徒蔡塗水和友伴顏造、許路、蔡川、王護、蔡然三等發起籌劃。民國五十六年改建現今鋼筋混泥土結構，信徒並倡議更名為慈德禪寺，全寺遍植松竹。早期後方原經營附設慈德幼稚園，現新建現代化靈骨塔，以安納祖先，呈現如今樣貌。

義民廟

　　北港義民廟的建廟由來，主要起於清領時期中南部兩件重大的抗官民變事件，其一發生於乾隆五十一年至五十三年（1786-1788）的「林爽文事件」；其二為發生於清咸豐、同治年間（1862-1863）的「戴潮春事件」。

　　「林爽文事件」發生後，戰禍擴延至北港一帶，同時盜匪亦趁勢為亂，引發此一地區動盪不安。當時北港地區為免於抗清兵勇與盜賊的侵擾，組成「義民團」（相傳有一百零八名壯丁勇士參與，並帶有一隻勇猛忠犬），然於多次戰役之後，終因陷於詭計全體罹難（當時為農曆五月三十日）。其後福康安渡海平定亂事，乾隆五十三年此一抗清民變全部弭平，北港地區並獲清政府御頒「旌義」金匾，以表揚鄉勇助官禦亂的事蹟，同年六月北港仕紳倡議將義民遺骸合葬瓦棺，並建立「旌義亭」，明訂義

北港義民廟

北港義民廟奉祀的義民公

民罹難之日為年度祭辰，以資奉祀。

其次，同治元年（1862）起事的「戴潮春事件」中，北港紳民義勇再度協助官方，除維護本地家鄉安全防務，更隨清軍赴嘉義退敵解圍。此事件平定之後，計有三十六名本地義勇死於戰役，於是合祀於乾隆五十三年所建之旌義亭中。本廟自建立完成後，又經歷數次大小整建，其中於光緒二十年（1894）重修三川殿及主殿，並增加義塚後進堂舍，為建立今日廟體主要規模的一次大修。其後陸續皆有修繕，至民國八十年改建後堂次間與義民塚塚身為水泥建物，呈現現今樣貌。

溪北六興宮

古笨港天后宮所奉祀的三尊媽祖，俗稱「大媽」、「二媽」、「三媽」，而按六興宮廟方記載，據說與北港朝天宮、新港奉天宮所奉祀的媽祖神像為同一木所刻。嘉慶二年笨港溪氾濫，沖毀市街中的笨港天后宮。道光十七年（1837）於笨港天后宮原址修建北港朝天宮，相傳建廟後曾向新港奉天宮請求天后宮媽祖神像返奉於北港朝天宮，最後由提督王得祿出面協議仲裁，決定一尊留在奉天宮，一尊供奉

王得祿故居

朝天宮，至於順位則尚有爭論（奉天宮說法為大媽在奉天宮，二媽至朝天宮，且是否為真亦已不可考），「三媽」由王得祿本人請回牛稠溪（現今溪北）暫供於提督公館「奉茶」奉祀。（圖檔：王得祿故居。圖說：王得祿故居）

溪北六興宮牌匾

　　道光十九年（1839）王得祿祈願「溪北」、「月眉」、「月潭」、「安和」、「後厝」、「六斗」等六庄皆能興旺，故取名為「六興宮」，親自恭請「正三媽」神像入殿安座，在王得祿逝世後，「正三媽」則歸入溪北六興宮奉祀，現今當地民眾慣稱「溪北六興宮正三媽廟」。目前六興宮內最著名神祇除奉祀的「正三媽」外，另外就是大正三年（1914）嘉義大地震後，廟方為重建六興宮，特聘請漳州派名師陳應彬為建廟大木匠，因此不論是六興宮拜殿、過水廊及正脊上的龍飾和各教忠教孝的歷史神話故事，正殿內媽祖神像端坐正上方的藻井、木結構棟樑及車水堵上的雕樑畫棟或交趾陶等，皆是當時大師的一時之作，整座廟宇宛如傳統建築的博物館，增添了本廟的可看性。

溪北六興宮石獅

溪北六興宮

南臺灣
迎媽祖活動大觀

臺南大天后宮「府城迓媽祖」
——臺灣「迓媽祖」民俗活動之濫觴

鹿耳門天后宮「台江迎神祭」
——開基鹿耳門媽的御駕親征

臺南 大天后宮「府城迓媽祖」

臺灣「迓媽祖」民俗活動之濫觴

日治時期臺南大天后宮
媽祖版畫神像（1943）

前言

　　「迓」者，迎接之意。「府城迓媽祖」源起於清嘉慶二十三年（1818）臺南大天后宮發生的一場大火，致使廟內的神像牌位蕩然無存，於是透過「府城三郊」與「北港三郊」的關係，邀請了當時全臺香火鼎盛的北港媽祖南下府城，並駐駕大天后宮，使大天后宮得以承續其媽祖信仰的地位。根據清咸豐年間，道臺徐宗幹《壬癸後記》有載：「咸豐壬子年三月二十三日為天后神誕，臺人循舊俗，迎嘉邑北港廟中神像至郡城廟供奉，並巡歷城廂內外而回，焚香迎送者，日千萬計……，神之靈也，民之福也，官之幸也。」又《安平縣雜記》亦云：「二十三日，天上聖母誕辰。……三月，北港進香，市街里保民人沿途往來數萬人，日夜絡繹不絕，各持一小旗、掛一小燈（燈旗各寫「天上聖母北港進香」八字）。迨三月十四日，北港媽祖來郡乞火，鄉裝民人隨行者數萬人；入城，市街民人款留三天，其北港媽駐大媽祖宮，為閤郡民進香。至十五、十六出廟遶境，沿途回港護送者蜂擁，隨行者亦同返，此係俗例，一年一次也。」

1930 年代臺南大天后宮前小販市場／胡文青提供

148

從上述文獻記載，可以明確知道，至少在咸豐二年（1852），府城商紳便有迎請北港朝天宮媽祖巡歷府城並駐駕大天后宮之俗例，其影響範圍更跨越了原來的臺南縣市、嘉義縣、雲林縣等地，府城迎北港媽祖之俗例，更可視為臺灣「迓媽祖」民俗活動之濫觴。

臺南大天后宮建築風貌

臺灣大天后宮，前身為明寧靖王府邸，為臺灣第一座官祀媽祖廟。永曆十八年（1664）鄭經迎接寧靖王朱術桂渡臺，並於承天府署南的西定坊，興建「寧靖王府」。康熙二十二年（1683）靖海將軍施琅率兵攻克臺灣後，為降低康熙皇帝對其猜忌之心，乃託附臺灣先民深仰媽祖之靈異，以媽祖顯祐助濟為由，奏准清廷將寧靖王府改建為「媽祖廟」，並誥封為天后，享有春秋二祭，使之成為臺灣唯一由清官祀媽祖廟，稱為「臺灣祀典大天后宮」。

臺南大天后宮現貌

清嘉慶二十三年（1818），大天后宮遭逢祝融，硬體建物與殿內匾額等文物幾乎全燬。災後，由地方士紳於原址依照原有四進風貌重建，並沿襲至今。現大天后工為三開間四進建築，計有三川殿、拜殿、左右過水廊、正殿及後殿。其中，拜殿採用十架捲棚棟架大木結構，為現存臺灣廟宇中，獨一無二的建築構造，而正殿、後殿或三川門的古老龍柱，或閩南式屋脊與屋簷亦相當古典美觀。右側第一進原為「官廳」，為清代官員祭祀時更衣處所，後改為三寶殿；第二進則為觀音殿，供祀的觀音神像，相傳為寧靖王生前宅邸奉祀之古神像。

臺南大天后宮鎮殿金面大媽

原作為清代官員祭祀更衣處所的官廳，今已改為「觀音廳」

　　由於大天后宮乃臺灣唯一官祀媽祖廟，故也留存許多珍貴文物，如施琅「平臺記略碑記」，為全國最古老的石碑之一；而歷代皇帝亦多有賜匾，如「輝煌海澨」（康熙）、「神昭海表」（雍正）、「佑濟昭靈」（乾隆）、「海國安瀾」（嘉慶）、「恬波宣惠」（道光）、「德侔厚載」（咸豐）及「與天同功」（光緒）等。此外，廟內更留存有多幅陳玉峰、潘麗水、陳壽彝及丁清石等傳統彩繪大師的彩繪及書畫作品，都相當值得駐足細品。

「與天同功」、「德侔厚載」匾額

府城迓媽祖的緣起與流變

清嘉慶二十三年（1818）的一場大火，將大天后宮內的神像、牌位全數焚燬，廟方遂透過「府城三郊」與「北港三郊」的關係，邀請當時全臺香火鼎盛的「北港朝天宮」三媽南下府城，並駐駕大天后宮，為「府城迓媽祖」民俗活動之濫觴。

日治大正四年（1915），朝天宮因故改以「糖郊媽」代替三媽南下府城，而原北港三媽卻在同時被請往鹽水遶境，此事爆發後，引來府城商紳與大眾不滿，石學文乃藉北港三媽發爐之神意，由眾人（聯境）集資，委請府城佛西國仿造北港三媽，雕塑一尊媽祖，稱為「鎮南媽」。

此外，為了讓鎮南媽取代北港三媽遶境更具正統性，同時也奠定其在府城聯境的「共主地位」，在鎮南媽開光後，曾舉行一連四天的清醮，接受府城各聯境廟宇的參拜。自此，大天后宮「鎮南天上聖母」便完全取代北港三媽，出巡遶境府城，延續「府城迓媽祖」的傳統。其中，又以大正十五年（1926）臺南運河開通時，在日本政府的主導及商會的力邀之下，舉辦了一次相當盛大的遶境活動，並由延平郡王及府城隍擔任先鋒隊伍，當時遶境隊伍綿延數公里，也因而有「臺南媽祖開運河」之俗諺。

同治四年，由府城三郊敬獻的「一六靈樞」匾，顯見大天后宮與地方郊商的密切關係。

北港朝天宮三媽。

151

鎮南媽

鎮南媽全稱為「鎮南天上聖母」，取其「永鎮臺南府城」之意，以取代原北港三媽落府遶境。神像為原木手工雕塑而成，迄今已逾百年，在長年香火煙燻下，呈現古樸之美，精緻的雕工為現今匠師望塵莫及。

2004 甲申年迎媽祖時，一度「破冰」邀請北港三媽落府參加，但主角仍是「鎮南媽」。

二次世界大戰後，由於迎媽祖的活動在種種的政治因素下，有了些許的改變，從政府不鼓勵迷信曾禁止辦理，到慶祝總統就職乃至於聲援西藏抗暴，都成了迎媽祖的理由；近年來，則逐漸有了四年一次的定例，而活動天數多以兩天為原則，而兩天遶境行程，皆以大天后宮為起點，但是到了民國九十七戊子年府城迎媽祖時，打破慣例，讓「鎮南媽」於「南廠保安宮」駐駕一晚。

最近的一次為民國一〇〇年慶祝臺南縣市合併升格為「臺南都」，舉辦「護國庇民・南都巡禮」遶境活動，參加的宮廟及遶境範圍，也擴及原臺南市的安南區及合併後的西港、佳里、學甲、北門、鹽水、善化、安定、永康、歸仁等區，並將遶境天數擴大為四天，前兩天以花車、藝閣遶巡原臺南縣及安南區等地，後兩天則採步行方式，巡歷府城舊城區，四天路程將近三百公里，不論參與宮廟、遶境規模及方式都重新改寫了過去的傳統，可說是「府城迎媽祖」新的里程碑，也顯見行政區域的變革，亦同時影響了民俗活動的傳統與慣例。

臺南大天后宮鎮南媽神尊

第壹日

天上聖母
遶境迥街衢
協淨烟火燭
三壇醮正午
啓行貴境希
始終驚整

第貳日

火三壇起行
本期遶本期

◎媽祖行列中醫師救護團◎

大正十五年路關圖

01 前夜祭 │ 前夜祭為本次逛媽祖活動獨創之儀式，一來讓各

參與的宮廟，先於前一晚駐駕大天后宮，便於隔日遶境出發行程，二來也象徵縣市合併、打破縣市藩籬，讓原臺南縣與臺南市的宮廟能夠聯絡情誼、互相交流。

前夜祭當晚參與遶境的各式花車已準備就緒

當天晚上，參與宮廟在海安路的「花園夜市」集結後，在大天后宮的神轎帶領下前往駐駕，並由大天后宮「鎮南媽」作東，以「府城祀宴禮」結合「官式三獻禮」，宴請來自各參與宮廟之神祇。儀式由立法院長王金平擔任主祭，各宮主委及代表擔任陪祭，依序上香、獻花、獻菓、奉饌、獻爵、讀祝等，最後行「望燎禮」。

儀式由立法院長王金平擔任主祭，各宮主委及代表擔任陪祭

02 啟駕儀式 ｜

一般慣例由重要官員及大天后宮主委率領所有參與人員，於神案前焚香祝禱，祈求遶境活動順利，並恭請鎮南媽登轎。隨後，在信眾的促擁下開啟這次將近三百多公里的遶境路程。

第三天遶境啟駕，則由開基共善堂邢府千歲，前往第二晚駐駕的「下林玉聖宮」恭請鎮南媽聖駕啟行。

開基共善堂邢府千歲依例前往迎接鎮南媽起駕

鎮南媽由立法院院長王金平親自恭迎登轎

03 駐駕儀式 ｜

一連四天三夜，將近三百多公里的路程，三晚皆駐駕於不同地點。而駐駕宮廟，皆準備隆重、盛大的「祀宴大典」及南北管戲曲，以表達對鎮南媽的敬意，並恭請各參與宮廟的主神作陪，同享盛宴。

第一天駐駕善化慶安宮

04 入廟儀式（犁轎辭駕） │ 經過四天的遶境，所有參與的宮廟按順序回到大天后宮參香禮敬，這是府城迓媽祖的「尾聲」，但也是最精彩的高潮。各宮廟神轎進廟時，必須將神轎高高舉起，一路由三川門衝入正殿，接受大天后宮主事人員接禮，除了祝賀遶境活動圓滿外，更有隱含各轎班間的拚搏，同時，也充分展現臺灣民間信仰的活動與熱情的一面。

府城迓媽祖贊境宮廟　府城迓媽祖犁轎辭駕
鑾轎入廟

05 奉安寶座 │ 押後的「鎮南媽」神轎一進入大天后宮廟埕，雖然已是凌晨時分，但仍舊掀起一陣騷動，許多信眾爭相「躦轎腳」，也讓短短一百餘公尺的入廟之路，走了將近半個小時。入廟後，在大批信眾的擁護下，鎮南媽下轎正式「安座」，由大天后宮主委帶領信眾於神案前上香為媽祖洗塵，同時稟告遶境活動圓滿，最後由誦經團禮誦經典寶懺，也為四年一度的「府城迓媽祖」活動劃下圓滿句點。

在大批信眾的擁護下，鎮
南媽下轎正式「安座」

1 路關牌、拖燈、頭旗

有別於中部地區設置「報馬仔」之習俗，府城一般以「路關牌」、「拖燈」及「頭旗」為遶境隊伍之前導。「路關牌」一般為長方形，傳統有紙糊及木製兩種形式，兩側飾以春花及彩球，正面書寫或張貼遶境日期、路線及途經宮廟，背面則書寫「闔郡平安」字樣。

路關牌

「拖燈」主要作為識別作用，由竹篾編織骨架，再覆以宣紙或綢布，上面繪有龍紋，並書寫宮名及主神稱號。

「頭旗」又稱「大北旗」，是遶境隊伍中相當有藝術價值的大型繡品。早期為直立式手持，後因尺寸越做越大，而成現今橫式由兩人扛抬，上繡有「全臺祀典大天后宮天上聖母聖駕」及官將、星宿等圖樣，唯字體仍保持原直式方式書寫慣例，卻也成為其特色。在府城地區，除了有識別作用外，更有「頭旗在此，如神親臨」之意。

彩牌、拖燈、路關牌等擔任隊伍前導

157

② 開路鼓

由鼓亭、大鑼及數名鈸手、嗩吶所組成，一來告知沿途信眾，鎮南媽聖駕及眾神已經到來，二來也增添遶境隊伍的熱鬧氣氛。

③ 先鋒隊伍——延平郡王祠、府城隍廟

按照過去的傳統慣例，遶境隊伍分別由開山王廟（今延平郡王祠）延平郡王及府城隍廟威靈公擔任首番及二番，前者主要是為了紀念延平王開臺之功勳，後者則如同臺南府大家長，引領鎮南媽巡歷府城境內。

以往在府城逛媽祖遶境中，首番「開山王廟」（延平郡王祠）的神轎及延平郡王神像

代表府城「大家長」的府城隍廟 - 威靈公

民國一○○年南都巡禮則打破這樣的傳統，改由「安定蘇厝真護宮」擔任先鋒官，並由「新營太子宮」擔任統兵元帥。

擔任統兵元帥的新營太子宮「中壇元帥」

4 贊境宮廟隊伍

　　迓媽祖遶境的宮廟多以原臺南市（舊城區）聯境廟宇為主，也顯示「鎮南媽」在府城人心目中的「共主地位」。

　　民國一○○年的南都巡禮，則是增加了原臺南市安南區、臺南縣及具有全國性知名度的廟宇，也打破許多過去因人為因素而不願同臺的慣

贊境宮廟鹿耳門天后宮

例，這次全部齊聚一堂，如麻豆代天府與南鯤鯓代天府、鹿耳門天后宮與土城聖母廟、北港朝天宮與新港奉天宮等。

贊境隊伍「滿路香」

過去在舞台常見的民族舞蹈，也融入廟會隊伍中，成為藝陣的一部分

⑤ 駕前排班叱路

　　排班叱路相當於古代皇帝的儀杖隊伍，中部稱為「執事隊」，所持之物有「長腳牌」及「法器」兩種。長腳牌又稱「黑白牌」，為一木牌搭配銅鑼，有開道之意；而法器的部分，每一樣都有其代表的含義，隊伍停止或至各宮廟參香時，則會立於神轎兩旁，有護駕的意味，並象徵主神的威權。

平時放置於廟內的「排班法器」，有莊嚴廟堂的功能。

　　隊伍遶境過程，排班叱路分成兩路縱隊行進，前半部為長腳牌，上書「肅靜」、「迴避」、「褒封天上聖母」及「臺南大天后宮」等，此外，由於大天后宮曾被清廷列入祀典官廟，故另有「旨奉祀典」（應唸成「奉旨祀典」）牌，以示其尊榮。後半部則有各式法器，如：龍頭杖、日月牌、槍、槊、戟、雙戟、刀、關刀、斧、鉞矛、印架等。近年來，由於人員招募不易，有時會以車載方式，將排班法器置放於車上，實為可惜。

祀典大天后宮的儀杖隊

6 褒封旌旗

　　分別書寫媽祖歷代封號及廟額，起於宋宣和五年（1123），止於清咸豐七年（1857），共計二十九次的褒封記錄，其目的除了增加排場與莊嚴性外，也在彰顯媽祖信仰的正統性及其尊貴，並強調祀典大天后宮的「官廟地位」。

7 鎮南媽駕前安瀾堂將軍會

　　安瀾堂將軍會緣起於日治大正四年（1915），鎮南媽開光之後成立，專責奉祀千順二位將軍，並作為鎮南媽出巡之駕前團體，後因時代變遷、人力青黃不接而中斷。民國九十一年，由大天后宮現任主委曾吉連（時任常務委員）發起重組，由委員李憲宗負責籌備，於同年農曆九月初九媽祖飛昇紀念日成立，由聖母筊示賜號「安瀾堂」，並推舉李憲宗為復會後首任會長。

鎮南媽駕前安瀾堂將軍會

⑧ 鎮南天上聖母涼傘

　　涼傘別名「華蓋」，原是古代帝王出巡時為其遮陽之用，現成為遶境隊伍中，識別神轎乘坐神尊之用。一般分為三層，除繡有「祀典大天后宮鎮南天上聖母」字樣外，亦繡有各種吉祥圖紋。涼傘一般行走於神轎前面，以逆時針方向轉動，傘上劍帶及流蘇隨之規律擺動，相當優美。

鎮南天上聖母鑾轎前涼傘

遠道而來的日本橫濱天后宮天上聖母涼傘

⑨ 鎮南天上聖母鑾轎

　　鎮南媽專屬的神轎為大正四年左右的作品，工法採俗稱「茄苳入石柳」的鑲嵌工法，相當精緻細膩，可說是當代最具代表的宗教藝術作品。轎頂則以粉線彩繪方式呈現，有別於一般覆以繡布的方式，此神轎僅在鎮南媽出巡時才會使用。

鎮南天上聖母鑾轎

⑩ 押帆旗

　　此旗是類似頭旗大小的繡織品，上繡有「鎮南天上聖母　聖駕」，為日治時期留下的作品，相當彌足珍貴。其作用除了識別之外，也代表遶境隊伍結束，故稱為「押（後）帆」。傳統是由兩人一前一後撐抬，近代則有廟宇改放於白鐵製車架上。

押帆旗

遶境進香時程路關及
遶境路線駐駕宮廟特色

　　以民國一〇〇年「護國庇民‧南都巡禮──祀典大天后宮府城迓媽祖遶境」為例,本次活動為臺南縣市合併後首次的「府城迓媽祖」,遶巡範圍除維持原府城舊城區(俗稱四城門)外,更涵蓋了原臺南市的安平區、安南區及原臺南縣的西港、佳里、學甲、北門、鹽水、善化、安定、永康、歸仁等地,並將遶境天數擴大為四天,共繞行大臺南市將近三百公里,而原臺南縣轄境參與、繞經的廟宇更是空前,如:西港慶安宮、佳里金唐殿、學甲慈濟宮、南鯤鯓代天府、新營太子宮、麻豆代天府、蘇厝長興宮等等,皆是全國高知名度、數一數二的宮廟。此次遶境於民國一〇〇年五月十八日(農曆四月十六日)「前夜祭」揭開序幕,一連四天分別駐駕善化慶安宮、下林玉聖宮、開基共善堂,最後於五月二十二日(農曆四月二十日)進入大天后宮參拜、犁轎後,劃下句點。

鑽轎腳的信眾

「府城迓媽祖」遶境活動

以下就本次遶境途經（按遶境路線順序）的重要媽祖廟及駐駕廟宇做介紹：

四天遶境路線駐駕宮廟特色

序幕——前夜祭　大天后宮

康熙二十二年（1683）靖海將軍施琅率兵攻克臺灣後，為降低康熙皇帝對其猜忌之心，乃託附臺灣先民深仰媽祖之靈異，以媽祖顯祐助濟為由，奏准清廷將寧靖王府改建為「媽祖廟」，並諡封為天后，享有春秋二祭，使之成為臺灣唯一由清官祀媽祖廟，稱為「臺灣祀典大天后宮」。現大天后宮鎮殿大媽俗稱「金面媽祖」，雄偉、莊嚴的塑像，更充分展現其官祀廟宇之大格局與不凡地位。

臺南大天后宮正殿，神案前的方形銅鼎，為清代臺灣知府蔣元樞鑄造，又稱「蔣公鼎」。

臺南大天后宮殿內

Day 1 安平開臺天后宮

　　安平開臺天后宮座落於臺南市安平區，為安平地區的公廟，廟旁為國定一級古蹟「臺灣城殘牆」（安平古堡），主祀天上聖母。原址位於安平鎮渡口，創建於明永曆二十二年（1668），日治時期原廟遭拆毀，改建為安平公學校（今石門國小），神尊則寄祀於安平各廟。民國五十一年於現址重建，民國七十九年遭祝融，後復再修建為現貌。正殿供奉的三尊媽祖為軟身雕像，高約四尺，梳湄州髮髻並著三寸金蓮，相當珍貴，而廟內還有供奉有兩尊「石將軍」，當地人視為文昌信仰，相當特別。此外，每四年一次的「安平迓媽祖」（俗稱「上香山」遙祭湄州祖廟），也是一大特色。

安平開臺天后宮正殿

安平開臺天后宮主祀
三尊媽祖

Day 1 鹿耳門天后宮

創建於明永曆十五年（1661），奉祀明鄭隨艦媽祖（今稱「開基鹿耳門媽」），清康熙五十八年（1719）百官捐俸擴建，咸豐五年（1855）臺灣總鎮府邵連科與曾元福各官暨三郊公局等商賈捐資重興，同治十年（1871），曾文溪改道，天后宮遭沖毀，「開基媽」神像暫祀民家，其餘神尊分別寄祀於三郊總部的水仙宮及海安宮。迄民國三十六年於媽祖宮庄重建，民國六十六年於現址再度重建。民國七十三年舉辦為期四十九天的「羅天大醮」，繁瑣的醮儀及動員的人力、物力、財力，可說是臺灣道教史上空前規模。民國八十二年首度舉辦「文化季」（農曆正月到三月），以「復興臺灣新廟會文化」為口號，一舉打響知名度，成為具有國際知名度的媽祖廟。

鹿耳門天后宮

鹿耳門天后宮

168

　　土城聖母廟前身為「保安宮」，主祀五府千歲（李、池、吳、范、朱），係源於日治大正二年（1913）庄民於港仔西拾得王船一艘，遂迎入奉祀。大正七年（1918）新廟落成安座，自「三郊鎮港海安宮」迎回古鹿耳門天后宮寄祀之神尊，民國四十九年主神易為天上聖母，並更名為「土城鹿耳門聖母廟」；至民國六十四年於現址重建，成為東亞地區規模第一大的媽祖廟。曾參與西港慶安宮三年一次的香科遶境，退出後獨立舉辦「五府千歲醮・鹿耳門媽香」的遶境活動，與西港仔香、麻豆香、學甲香、蕭香等，並稱「南瀛五大香科」。此外，每年元宵節舉辦的煙火觀摩賽，總是吸引數十萬民眾前往觀賞，因而揚名國際，也成為臺灣新興的元宵節慶活動。

吳府千歲　李府千歲　池府千歲　范府千歲

土城鹿耳門聖母廟前身為「保安宮」，主祀源自海上王船的李、池、吳、范、朱等五位千歲

大竹林位於臺南市西港區西北隅，與南邊村落「大塭寮」並稱「頂下寮」，兩庄頭皆屬汾陽派下郭姓宗族。汾陽殿主祀天上聖母及廣澤尊王，二神皆為郭姓先祖自大陸迎奉來臺，原祀於郭姓祖厝（宗祠）內，於民國六十四年，始由庄民倡議鳩資興建正式殿宇。

大竹林汾陽殿媽祖神尊

大竹林汾陽殿郭姓宗祠

西港慶安宮正殿

　　慶安宮位於臺南市西港區大街上，主祀天上聖母及十二瘟王。原奉祀隨明鄭軍隊來臺之「城隍境主」及「中壇元帥」，至康熙五十一年（1712）正式改建為廟宇後，改祀源自古鹿耳門天后宮之媽祖，並稱「慶安宮」。清乾隆四十九年（1784），接替八份姑媽宮承辦每三年一次的王醮刈香遶境，稱為「西港仔香」，迄今（2012）已舉辦七十七科（約二百三十餘年），故被稱為「臺灣第一香（路）」，並於民國九十八年，由行政院文建會指定為國定重要民俗活動。

Day 1 鹽水護庇宮

　　鹽水舊稱「月津」，開發時間甚早，為清代臺灣重要港口之一。護庇宮前身為福德祠，主祀福德正神，配祀則由郊商自湄州朝天閣迎來之「開基三媽」（又稱糖郊媽）；明永曆十六年（1662）復有先民迎來湄州大媽合祀，迄清康熙二十二年（1683）奉天上聖母為主神改稱天后宮，康熙五十五年（1716）更名為「護庇宮」。由於年代久遠，廟內保存的文物相當豐富，其中，又以已故傳統彩繪藝師潘麗水所留之彩繪作品最負盛名，相當值得一看，而附近的於鹽水（橋南）老街及八角樓，更是值得瀏覽與品味。

鹽水護庇宮文物，清乾隆年間泥塑順風耳將軍

鹽水護庇宮

172

善化舊稱「目加溜灣」，為臺南地區西拉雅族的聚落之一。明永曆二十七年（1673），明儒沈光文於此教學行醫，大幅提昇地方文風。清康熙二十四年（1685），於此地修建「文昌祠」，奉祀五文昌帝君，成為鄰近地區推行儒家教育的基地。

善化慶安宮

清同治元年（1862）原文昌祠因地震毀損，地方仕紳乃倡議於原地建廟，並至「府城祀典大天后宮」分取天上聖母香火，名曰「慶安宮」，並稱主神為「灣裡街媽祖」。日治昭和十七年（1942），日人為興建「北白川宮能久親王灣裡街御遺跡所」暨紀念碑，遂將慶安宮拆除。至民國三十六年，復由地方仕紳倡議重建，民國五十年再建後殿，奉祀原文昌祠之五文昌帝君，民國七十年並增祀「開臺先師——沈光文」，成為全臺唯一奉祀「六文昌」之廟宇，民國八十六年，前殿被指定為「國家三級古蹟」（今稱市定古蹟）。

善化慶安宮正殿

後堀潭湄婆宮媽祖鑾轎

　　該宮奉祀之天上聖母係明永曆十五年（1661），由先民奉請來臺；至清康熙五十九年（1720）始由庄民於嶺頂發起建廟；乾隆三十六年（1771）遷庄至今址重興「湄婆宮」，現廟貌為民國七十七年重建。「後堀潭」昔時為安定頂八庄之一，而湄婆宮天上聖母亦為此地區居民之共同信仰，目前宮內尚存有一只清康熙六十年（1721）之石爐以及一頂當年隨媽祖渡臺之大轎，堪稱「鎮宮之寶」。

後堀潭湄婆宮

Day 2 下林玉聖宮　主祀廣澤尊王 第二天駐駕

　　下林玉聖宮位於臺南市南區夏林路，主神廣澤尊王源自福建詩山鳳山寺迎來，來臺初期原寄祀於南勢港邊「郭家宗祠」，歷經數次遷徙，於大德街蔡宅落腳，並領旨命名為「玉聖宮」，民國八十一年復遷至夏林路，並建祠奉祀。民國七十八年，由現任主委蔡國輝自福建泉州安溪縣清溪威鎮廟恭請大太保蒞臺；民國九十三年重建玉聖宮。民國九十八年，邀請祀典大天后宮合辦，恭迎「福建南安縣詩山鳳山寺保安廣澤尊王」遊臺巡香遶境，並獲詩山祖廟賜贈「臺灣首香」匾額一方。

下林玉聖宮正殿

五牲（豬、雞、鴨、魚、甲殼）

味　海　　　珍　山

下林玉聖宮迎接媽祖的祭禮

Day 3 三郊鎮港海安宮

　　海安宮創建於清乾隆元年（1736），由府城三郊「金永順、蘇萬利、李勝興」迎奉湄州媽祖香火來臺並出資建廟。乾隆五十一年（1787）林文爽事變，清廷指派福康安來臺，得蒙天后護祐平定亂事，遂奏請朝廷於鹿港敕建媽祖廟、修建府城海安宮，並得乾隆皇帝賜匾「佑濟昭靈」，海安宮也因此躍升為官建媽祖廟。現廟內有兩座水井，稱「日月井」，為府城地區端午佳節取「午時水」的熱門點。

海安宮正殿

海安宮鎮殿媽祖

位於巷內的三郊鎮港海安宮，廟前兩株榕樹，自然形成一座拱門，也成為當地的特色之一

Day 3 三郊營仔腳朝興宮溫陵廟

朝興宮主祀天上聖母，廟址座落於原鎮海營旁，故稱「營仔腳媽祖」。而溫陵廟就稱溫陵祖廟，主祀媽祖源自於泉州天后宮，隸屬泉州會館，由府城三郊護持管理，原址位於寧南坊上橫街（約今臺南市中西區忠義路及民生路口）。民國五十二年，因拓寬忠義路，乃迎神至朝興宮與之合祀，並稱「朝興宮溫陵廟」，現在所見廟貌為民國七十八年整修。

營仔腳朝興宮溫陵廟牌匾

營仔腳朝興宮溫陵廟

Day 3 媽祖樓天后宮

媽祖樓座落於今成功路與海安路西南側，原為清代臺灣軍工道廠之出口河道，名為「哨船港」。原址本是水手休息之工寮，相傳有水手自大陸湄州攜來媽祖香火，並將之安放於工寮閣樓上，後因往來船隻常見夜發豪光，引導船隻平安航行。清乾隆二十年（1755）乃鳩資建廟，因媽祖香火安奉閣樓上，故而命名為「媽祖樓」，今廟貌古意盎然，正殿之銅鑄龍柱與後殿礦石龍柱可說是工藝瑰寶。

媽祖樓天后宮媽祖神尊

媽祖樓天后宮

178

Day 3 開基天后祖廟

位於臺南市北區自強街，舊屬鎮北坊德慶溪出口的南岸，故又稱「水仔尾媽祖廟」，為與大天后宮區別，俗稱「小媽祖廟」，為臺南市區最早的媽祖廟，故冠以「開基」二字。整體格局為狹長式的街屋形式，廟內現存有明崇禎十三年（1640）刻製的媽祖神像，而萬曆年間妝塑的「二媽」因手持信眾敬現的「LV 提包」，成為該廟十分特殊的信仰特色之一。此外，而後殿的觀音則是清乾隆年間由臺灣知府蔣元樞督造的三座觀音之一，造型採側身傾首、單足跪坐的姿勢，而略帶微笑的面容，優雅中帶著幾分嫵媚、俏皮，亦別具特色。

開基天后祖廟主祀媽祖

開基天后祖廟三川門

開基天后祖廟

主祀保護大帝邢天王（又稱邢府千歲），原建廟於赤崁樓西側，舊稱「石舂臼共善堂」。日治時期，因實施街道市區改正計畫，原廟遭到拆除，原邢府千歲暫祀大天后宮，是故，每逢府城迓媽祖時，邢府千歲必會一早前往恭迎鎮南媽起駕，以表感念寄祀之恩情；大正十三年（1924）於舊址重建，並迎回寄祀於大天后宮之邢府千歲。民國六十九年，於現址重建，民國七十年入火安座。民國九十四年再度重建為現貌。

開基共善堂

開基共善堂主祀保護大帝邢天王

Day 4 大天后宮

臺南大天后宮的月老神威遠近馳名，神案前的紅線，更是年輕男女爭相拿取的「祈緣聖物」

大天后宮除了是臺灣唯一由清代列入官祀祭典之媽祖廟之外，近年來，廟內配祀的「月下老人」功力非凡，聲勢水漲船高，與「重慶寺」、「大觀音亭」及「祀典武廟」奉祀的月老，並稱為「府城四大月老」，每年配成的姻緣不下數百對，逢假日年輕男女前來參拜絡繹不絕，儼然成為其另一信仰特色，更可說是廟方的「搖錢樹」。

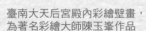
臺南大天后宮殿內彩繪壁畫，為著名彩繪大師陳玉峯作品

官方

府城媽祖文化節（府城迎壽華會）

民國八十九年，臺南市政府為推廣府城民俗觀光文化，結合臺南市十一家媽祖廟（祀典大天后宮、開基天后宮、鹿耳門天后宮、土城聖母廟、安平天后宮、媽祖樓天后宮、金安宮、下林建安宮、鎮港海安宮、營仔腳朝興宮溫陵廟、鹽埕天后宮），並邀請四家（北港朝天宮、西港慶安宮、鹽水護庇宮、澎湖天后宮）外縣市媽祖廟共襄盛舉，並於臺南市政府西側搭建行館，並發行「天佑」筆記書，主打「一冊在手•保祐都有」成功行銷臺南獨有的「迓媽祖」文化，也讓過去因正統之爭、香火開基之爭而不相往來的廟宇，在公部門的「協調」下終於「同臺演出」。

會香祭儀除了採用官祀三獻禮外，也帶入了府城傳統的「宴王」，充分展現府城的民俗特色

府城媽祖文化節，串連了原臺南市所有媽祖廟，齊聚辦理會香。圖為安平天后宮神轎，有別於一般傳統轎班，而由女眾護持

活動期間，除了強調宗教信仰的元素外，也結合了藝文的展演，讓傳統的宗教民俗活動，融入新興的藝文元素，在新舊並陳的激盪中，展現出民間信仰豐富的生命力。

爾後幾年，臺南市政府也持續以府城文化觀光年等名義，由臺南市各媽祖廟輪流承辦或協辦，延續舉辦「媽祖迎壽華會」及「媽祖

會香大典」等主題的相關慶典活動。
而官方主導的「府城媽祖文化節」，
除了成功的將府城的媽祖文化向外行
銷外，也在實務上凝聚了在地媽祖廟
與信眾，算近年來少數在官方與地
方力量結合下，成功達到行銷地方的
「文化節慶活動」。

除了傳統的遶境會香活動外，也加
入花車遊行，讓傳統的民俗活動更
顯活潑與創意。圖為鹿耳門天后宮
花車

　　唯一可惜的是，民國一〇〇年，
臺南縣市合併後，現任市長因個人信
仰的因素，並不如過去的市長那樣熱
衷民俗活動，也讓這樣難得的「成功經驗」暫時化下休止符，在未來
能否再度「復活」甚至發揚光大，則有賴「眾神齊祐‧皇天垂憐」！

民間
府城媽祖行腳

　　民國八十九年，在臺南市政府首度舉辦「府城媽祖文化節」的
同時，民間也悄悄地展開一場寧靜的「媽祖饗宴」。當年，由臺南市
文化資產保護協會與臺南市社區大學發起共同合辦，委託國立成功大
學歷史系陳梅卿教授籌畫的「第一屆府城媽祖行腳」就此展開，活動
倡導小而美、花錢少、虔誠多的本質，透過徒步行腳的方式，以「一
步一腳印」的朝山苦行精神，朝拜臺南市各主要媽祖廟，希望能藉由
這樣的方式，重「心」感動宗教信仰的內涵，不知覺中也已經歷十三
個年頭，參與的民眾與廟宇，也有逐年增加的趨勢。

　　這樣的行腳方式，是一個全新的嘗試，看似脫離傳統宗教活動
的喧鬧，但卻也重新回歸信仰本質。如同陳梅卿教授所說：「希望數
年之後，媽祖行腳能成為臺南市的新傳統，也許無法取代熱鬧的媽祖
三年一次的遶境活動，但它會變成『三月瘋媽祖』季節中，重要的一
環」。

開基鹿耳門媽的御駕親征

　　「鹿耳門天后宮」素有臺灣新廟會文化引領者之美譽，從早年的「三郊還香寄普念真情」、「模擬鄭成功登陸」、「籃筐會」、「市商會五十週年慶迎百百旗」等，一直到目前持續舉辦的「來媽祖宮過臺灣年 ── 文化季」，樣樣都贏得民眾津津樂道。民國九十四年，開基鹿耳門媽祖再度出巡，這是自羅天大醮後，睽違二十餘年再次舉辦，此次範圍涵括臺南市安南區、善化、大內、安定、山上等地，全程共計一百三十餘公里，參與廟宇近百家，包括臺南市區、佳里、西港、安定、七股等地數家大廟亦共襄盛舉，更有遠從臺東市前來，是大臺南市的一大盛事。

鹿耳門天后宮行之有年的文化季，由每年農曆十二月廿四日的封印大典揭開序幕，獨特的儀典，更在民國一〇二年，被臺南市政府指定為重要民俗文化資產

臺灣之門
——鹿耳門天后宮的歷史與建築風貌

鹿耳門位於臺南市安南區西北端，距離市區約十來公里，為古時「台江內海」中一個小島嶼、小漁村；當時台江內海的範圍，南起二仁溪、北至將軍的海岸線向內退縮，凹陷成為寬闊的港灣，而「鹿耳門」便位於北端加荖灣及北汕尾兩座島嶼間之港灣，因水路迂迴狀似鹿耳，故稱之。距今約

十七世紀荷蘭人在台江內海大員（安平）建熱蘭遮城

三百餘年前，荷蘭人領臺（1624～1662）時，因為這裡地勢險峻，且多淺灘、易守難攻，而有「天險」之稱。

明永曆十五年（1661）南明遺臣鄭成功（國姓爺），率軍攻打臺灣，行抵鹿耳門外時，因水淺無法入港，國姓爺遂恭置香案、祝告天地，祈求隨艦保護的天上聖母神靈庇祐：「……望皇天垂憐、列祖默佑，助我潮水……」不久，潮水洶湧而來，使得大軍順利進入台江內海，登入北汕尾嶼，隨後也展開圍城之戰，迫使荷蘭人棄城投降。隔年，國姓爺進駐大員（臺灣），也結束荷蘭治臺的三十八年歲月，臺灣正式進入了明鄭時期。

過去的鹿耳門港，現已淤塞為鹿耳門溪，昔日千帆齊聚的榮景，已不復見

185

重建後的天后宮，依舊維持「三進格局」，即便沒有過往的「百二門」，但雄偉的重簷建築，仍舊不減其風采

國姓爺復臺後，有感於媽祖的默祐助戰之恩澤，將隨艦媽祖留駐此處，並建廟奉祀稱為「媽祖宮」（即鹿耳門天后宮前身），而部分軍民也駐墾於此，稱為「媽祖宮庄」。清康熙五十八年（1719），朝廷百官集資擴建「天后宮」，並於廟體左右增建文、武館，以供往來官民、商旅住宿及候船之所；擴建後，共分三進，且廣開一百二十餘個大小門戶，而有「三落百二門」之俗諺，為當時臺陽規模頗大之媽祖廟，而所在的「鹿耳門港」更成為商賈聚集之重要對外通商港口，有「臺灣之門」的美譽。

道光三年（1823）一場暴風雨，使曾文溪往南改道，並夾帶大量泥沙，使得台江內海逐漸淤塞，而鹿耳門也成無法通行的廢港，時稱臺陽八景之一的「鹿耳連帆」，其舟船連天的風光歲月就此一去不返，也使得天后宮的香火從此寥落。到了同治十年（1871）山洪爆發，當時庄民冒險搶救出開基媽祖（鄭軍隨艦媽祖）及廟內神祇，而廟殿則在瞬間遭洪水沖毀、片瓦不存。除了開基媽祖留在庄內輪祀外，其餘神尊皆寄祀於當時的府城三郊總部「水仙宮」。

歷經將一甲子餘，民國三十五年，庄民鳩資重建於原廟址的南邊，並將開基媽祖迎入奉祀，稱為「鹿耳門開基媽」。民國六十六年，於現址重新擴建為現貌，民國九十一年，聘請專家學者，按文獻資料記載，於廟旁

復建「鹿耳門公館」重現清代輝煌的歷史場景。

現廟貌莊嚴宏偉的鹿耳門天后宮，採傳統的回字型格局配置，由三川殿、後殿及左右廂房，將正殿圍繞於中央，並以兩條廊道由三川殿連接至正殿，三川殿兩旁分設左右側殿，兩側殿後即兩層樓的廂房，前端則為鐘鼓樓。屋脊裝飾，則沿襲閩南式建築，各殿屋頂均採「歇山重簷」樣式，層層疊翠，更顯氣派輝煌。其餘，諸如曲脊、垂脊（燕尾）、燕尾下印斗、懸魚（山花、鵝頭墜）、山牆等，無不覆以琉璃瓦當滴水、或貼以剪黏、飾以交趾燒、綴以木雕等等藝術作品，匯集了臺灣近代廟宇建築藝術之精髓，相當具有可看性。

「媽祖新故鄉」媽祖宮立碑

鹿耳門天后宮

鹿耳門天后宮屋脊裝飾

此外，現廟內還保留了不少彌足珍貴的文物，除了使用大陸稀有千年萱芝檀木雕製的開基媽祖聖像外，尚有於古廟址出土，清乾隆四十二年（1777）所立的「重建鹿耳門公館碑記」及道光三十年（1850）的「重興天后宮碑記」等等。

「重興天后宮碑記」

新建鹿耳門公館

台江迎神祭的緣起與發展

　　「台江」，臺灣開拓史上一個重要的場景，也是孕育臺灣文化的一個搖籃；而鹿耳門天后宮更是台江地區重要的信仰基地，主祀的「開基鹿耳門媽」長期以來關心這裡的子民，這是台江地區共同的信仰。基於這樣的因緣，使得台江迎神祭得以誕生。

為了讓活動進行順暢，事先的籌備會議，必須邀集所有參與的宮廟出席，這是一種來自台江子民齊聚的團結時刻

　　然而，鹿耳門天后宮創建迄今已逾三百餘年，歷經多次的重建、整修，終成今日巍峨大廟，也令人好奇這個臺南市安南區的偏遠小漁村，何以能夠帶動整個台江區域，展現如此旺盛的生命力？這段故事，得從民國七十三年說起；當年，開基媽透過諭示，指示信眾自農曆十月初十日起，一直到閏十月廿八日止，舉辦為期七七四十九天的「羅天大醮」，而最後一天的普度碗數，更是高達十一萬二千餘碗，為臺灣宗教史上的創舉，而配合醮典活動，開基媽也「御駕親征」，與所有參與的宮廟，共同出巡綏靖臺疆。而這樣大規模的遶境活動，也凝聚了所屬的「安南區十六寮」的向心力。

鹿耳門天后內媽祖船　　　　　鹿耳門開基媽鑾轎

　　睽違二十一年餘，鹿耳門開基媽於民國九十四年再度出巡，並將主題定名為「開基鹿耳門媽出巡──台江迎神祭」，出巡日期自農曆三月廿五日起一連三天，此次遶境範圍涵蓋臺南市安南區、善化、大內、安定、山上等地，全程共計一百三十餘公里，第一天以「入庄下車步行、出庄上車」的方式進行；而第二天及第三天皆在安南區，故以步行為主、車行為輔。參與宮廟除了沿途經過的庄頭大廟之外，還有來自臺南市區的「祀典大天后宮」、「三郊水仙宮」、「三郊營仔腳朝興宮溫陵廟」、以「西港慶安宮」為首的西港香境廟宇及遠從臺東而來的交誼友廟，近百餘間，是臺南市一大盛事，可謂盛況空前。

　　為了讓活動能夠順利完成，鹿耳門天后宮也在出巡前一年餘，開始積極的聯繫參與宮廟與地方人士，透過不定期的籌備會議及聯誼活動，廣納建議、凝聚共識；同時，也按往例，分別筊選「開路先鋒」、「護駕」、「副帥」等職務，而參與宮廟，為表達熱情相挺之意，更是不惜重金組訓各式文武陣頭，光是武陣（宋江陣、金獅陣、白鶴陣等）就高達十四陣，可說是各庄頭精銳盡出，相當精采。

　　民國一〇一年，開基媽再度指示出巡，並於農曆二月十九日，先前往府城十二座交誼深厚的友宮巡禮，一來彌補出巡時無法前往之缺憾，二來則是感念其過往對於鹿耳門天后宮的護持；隨後在民國一〇一年的農曆二月廿四日展開一連三天的出巡遶境活動，本次出巡共計兩百餘公里，參與的宮廟及文武陣頭也較民國九十四年成長許多，每日清晨五點出發，而入

宋江陣、金獅陣是台江地區極具代表性的陣頭，
是過去庄頭防衛的重要組織

筊選先鋒、護駕、副帥的過程，
公開、透明，由開基媽全權決定，
眾人摒息以待

　　廟駐駕時多已午夜凌晨時分，對於人員的體力是一大考驗，但在萬眾一心
與開基媽的神威加持之下，所有參與的宮廟、人員，莫不卯足全力，共同
完成這件宗教盛事。

俗話說「顧佛祖也著顧八肚」，吃點心是台江廟會的特色之一，雖然簡單，卻充滿人情味

01 啟駕儀式 ｜

遶境啟行前天晚上八時許，擔任先鋒、護駕及副帥之宮廟，早已率先至天后宮報到，而廟埕也由「法師」設案，以疏文奏稟上蒼，為即將開始出巡活動請旨、請令；子時一到，開基媽也親自降駕頒授，上述各神職所屬的銅牌劍印。其餘隊伍，也陸續前來報到、集合，上午五時一到，在「開路先鋒官」的帶領下，隊伍依序出發，而開基媽的神轎，則在市長掌轎、護駕、副帥及上千名信眾的簇擁下，正式展開為期三天、一百三十餘公里的「台江迎神祭」。

開基媽降鑾手轎，親自「頒授」旨令予擔任官職的宮廟

時辰一到，開基媽神轎，在眾人的簇踴下，正式開拔，展開為期三天的出巡遶境行程

02 駐駕儀式

由於遶境路途不算太短，而且是橫跨數個行政區域，為了避免隊伍奔波勞累，採就地駐駕的方式，於出巡前，按照路線及宮廟意願，選定駐駕點。遶境當天，負責宮廟早已在廟內設下隆重的「祀宴大典」，準備迎接開基媽的到來，而開基媽神輿一到，便由信眾迎入廟內，並恭請開基媽金身下轎，接受盛宴款待、洗塵；隔日清晨，再由天后宮祭典組人員，迎請開基媽金身登轎，準備展開新一天的遶境行程。

為了讓各庄頭信眾，能與開基媽多點時間「交流」，每間經過的宮廟，都會安排 10 ～ 15 分鐘不等的停駕時間

駐駕時，將開基媽神轎迎入廟內以示尊重，此時已是午夜時分

03 入廟・安座儀式

遶境第三天，所有隊伍回到鹿耳門天后宮，並依序入廟、參香，同時接受廟方準備的紀念品、金牌等獻禮，而所有陣頭更卯足了勁，拿出看家本領，將一年來所學的功夫，全部完整呈現。當開基媽神轎抵達媽祖宮庄時，開路先鋒再度前往迎接，並在護駕、副帥及成千上萬的信眾簇擁下回到天后宮，而三天的出巡遶境，也即將進入尾聲。

第三天終於回到鹿耳門天后宮，廟口已經擠滿絡繹不絕的人潮，等待媽祖回鑾

披紅、獻金牌，表達對於參與宮廟的敬意與謝意

在開基媽神轎進入三川門後，由天后宮執事人員，依序恭請鹿耳門開基媽、二媽、三媽，進入正殿安座，而周遭除了響徹雲霄的炮聲外，還有信眾的熱情吶喊「進喔、進喔」，最後，由主任委員帶領全體信眾，共同向開基媽上香，稟報此次出巡活動圓滿。

開基媽神轎進入三川門後，先由法師持咒恭請「下馬」

開基媽由主任委員恭請入廟安座

04 繳旨・封官

完成安座儀式後，在廟外等候的先鋒、護駕及副帥，也正進行「繳旨」儀式，由開基媽降下手輦，接受各宮（神祇）的工作任務「回報」，並繳回象徵職權的銅牌劍印，正式卸下職務，也宣告出巡活動正式圓滿劃下句點。

隔日清晨，開基媽再度降下手輦，因出巡任務圓滿，蒙玉皇上帝恩賜，晉封為「衛天保國國聖母」，而擔任先鋒、護駕及副帥之諸位神祇，官位晉升一品，任職期間的銅牌劍印，也將擇期送予各宮廟留存紀念。

有鋸齒狀邊緣之戰旗

擔任先鋒、護駕及副帥的宮廟，也將旨令繳回，完成三天的出巡襄贊任務

① 路關車

　　有鑑於台江迎神祭的路程及範圍相當廣，對於人力步行是一項極大的考驗，因此，鹿耳門天后宮採取「路關車」的方式，將「路關牌」立於吉普車上，同時沿途有人員廣播，除了預示遶境隊伍的到來之外，也同時感謝沿途信眾及宮廟熱情的接待，可謂一車兩用。

路關車

② 開路先鋒

　　「先鋒」為古代作戰時的先遣部隊，因具有開路的任務，故任務相當艱鉅；後被民間信仰吸收，成為大型遶境中，作為領導隊伍前進的第一順位，目前多見於南部的「刈香」遶境活動中。

　　以鹿耳門天后宮民國九十四年的「台江迎神祭」為例，其開路先鋒的產生，是邀集有意願擔任開路先鋒的宮廟，於開基鹿耳門媽神案前擲筊決定，當時，由「中洲寮保安宮」（主神：保生大帝）以十二個聖筊，榮任此衛。

擔任開路先鋒的中洲寮保安宮神轎

3 參與宮廟隊伍、陣頭

　　「台江迎神祭」可說是台江地區一大重要的民俗活動，而擔任主角的「開基鹿耳門媽」更是這個區域的「信仰共主」，其地位相當崇榮。因此，各參與宮廟無不卯足全力，把地方庄頭的特色、最好的一面呈現出來。而鹿耳門天后宮也在籌備會議中，與各宮廟達成協議，並簽署「台江迎神祭遵守公約」。其中有關陣頭的部分，便希望所有陣頭以自組為原則，禁止電子花車、電子琴、八家將、官將首及法仔隊等隊伍參加，此舉，除了可具體呈現各庄頭特色，減少遶境時間延遲的狀況外，也可避免現今廟會常見的負面事件發生，充分展現其社會責任的正面形象。

參與遶境的各式陣頭

④ 護駕及駕前副帥

「護駕」及「駕前副帥」為南部大型「刈香」遶境中特有的編制，前者具有保護「主帥」（開基鹿耳門媽）的功能，如同現代總統身旁的隨扈、侍衛一般，而副帥則相對於主帥而言，屬於參謀、幕僚的角色，襄助主帥處理各項事務；此次的「台江迎神祭」因屬任務型的出巡，故有此編制。其遴選方式與開路先鋒一樣，皆透過筊選決定擔任的宮廟（神祇）。

民國九十四年「台江迎神祭」的護駕由「陳卿寮保山宮」（主神：觀音佛祖、保生大帝）膺任，而駕前副帥則有「許中營順天宮」（主神：天上聖母）、「山上天后宮」（主神：玉二聖母）及「五塊寮慶和宮」（主神：保生大帝）等三宮。

「銅牌旨令」是由官印、旨令、寶劍、令旗等組成，象徵該神所屬的職務及權威；圖為駕前副帥「五塊寮慶和宮」旨令及其神轎

⑤ 排班叱路（執事隊）

　　排班叱路相當於古代皇帝的儀杖隊伍，另有稱為「執事隊」，所持之物有「長腳牌」及「法器」兩種。隊伍遶境過程，排班叱路分成兩路縱隊行進，前半部為長腳牌（或稱黑白牌），上書「肅靜」、「迴避」、「褒封天上聖母」及「鹿耳門天后宮」等字樣；後半部則有各式法器，如：龍頭杖、日月牌、槍、槊、戟、雙戟、刀、關刀、斧、鉞矛、印架等，有護駕的意味，並象徵主神的威權。

排班法器，有護駕的意味，同時也象徵主神權威

6 駕前千里眼將軍、順風耳將軍

宋太平興國七年（982），湄洲嶼西北方桃花山上，有二怪狀貌猙獰，目似銅鈴，齒如短劍，身高丈餘，聲若銅鐘，來去如飄風閃電，時常出沒作祟，後被媽祖以銅符收服，並隨其左右修行。媽祖飛昇後，二怪也跟隨得道，輔佐媽祖解除人間百難，受人間煙祀；清同治八年（1869），敕封為「將軍」，屬於媽祖專屬的左右護法。

開基媽駕前千里眼、順風
耳將軍／周志明提供

7 開基鹿耳門媽鑾轎隊伍

開基媽大令

「開基鹿耳門媽」在安南區十六寮的地位相當不凡，而其鑾轎隊伍除了前述的「排班叱路」及駕前二位將軍外，與神轎「形影不離」的還有「開基媽大令」及「涼傘」。

「開基媽大令」年代已經相當久遠，平時供奉於天后宮正殿，長年受到香煙繚繞，整面三角旗早已燻黑，但也正因為如此，更顯其神聖與歷史價值。每逢開基媽出巡時，便伴其左右，具有為人除煞、解厄的功效，是開基媽專屬的「法寶」之一。

「涼傘」又稱「華蓋」，為廟會遶境隊伍中常見的器物，多行走於神轎前，以逆時針方向轉動，上繡「鹿耳門天后宮天上聖母聖駕」等字樣。

「開基媽鑾轎」為古式文轎，一般由八人扛抬，故俗稱「八抬大轎」。轎頂以傳統繡布覆蓋，周圍以八仙綵圍起，一來考量媽祖為女神，避免莽撞的信眾窺視而褻瀆神靈，二則製造神祕感，更顯出巡活動之神聖性。

「開基媽鑾轎」為古式文轎，轎頂以傳統繡布覆蓋，周圍以八仙綵圍起，更添其神祕性與莊嚴性

遶境時程路關圖及駐駕宮廟特色

以民國九十四年的台江迎神祭為例，本次途經的宮廟計有四十三間，其範圍涵蓋臺南市安南區、山上區、大內區、善化區、安定區及西港區，為臺南地區少見的大型遶境活動。

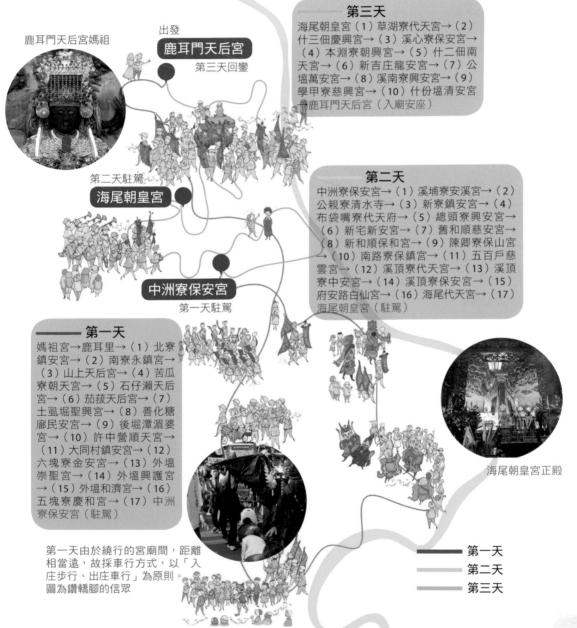

鹿耳門天后宮媽祖

出發
鹿耳門天后宮
第三天回鑾

第二天駐駕
海尾朝皇宮

中洲寮保安宮
第一天駐駕

第三天
海尾朝皇宮（1）草湖寮代天宮→（2）什三佃慶興宮→（3）溪心寮保安宮→（4）本淵寮朝興宮→（5）什二佃南天宮→（6）新吉庄龍安宮→（7）公塭萬安宮→（8）溪南寮興安宮→（9）學甲寮慈興宮→（10）什份塭清安宮→鹿耳門天后宮（入廟安座）

第二天
中洲寮保安宮→（1）溪埔寮安溪宮→（2）公親寮清水寺→（3）新寮鎮安宮→（4）布袋嘴寮代天府→（5）總頭寮興安宮→（6）新宅新安宮→（7）舊和順慈安宮→（8）新和順保和宮→（9）陳卿寮保山宮→（10）南路寮保鎮宮→（11）五百戶慈雲宮→（12）溪頂寮代天宮→（13）溪頂寮中安宮→（14）溪頂寮保安宮→（15）府安路白仙宮→（16）海尾代天宮→（17）海尾朝皇宮（駐駕）

第一天
媽祖宮→鹿耳里→（1）北寮鎮安宮→（2）南寮永鎮宮→（3）山上天后宮→（4）苦瓜寮朝天宮→（5）石仔瀨天后宮→（6）茄菝天后宮→（7）土虱堀聖興宮→（8）善化糖廍民安宮→（9）後堀潭湄婆宮→（10）許中營順天宮→（11）大同村鎮安宮→（12）六塊寮金安宮→（13）外塭崇聖宮→（14）外塭興護宮→（15）外塭和濟宮→（16）五塊寮慶和宮→（17）中洲寮保安宮（駐駕）

第一天由於遶行的宮廟間，距離相當遠，故採車行方式，以「入庄步行、出庄車行」為原則。圖為鑽轎腳的信眾

海尾朝皇宮正殿

━━━ 第一天
━━━ 第二天
━━━ 第三天

鹿耳門天后宮六大姊妹廟 及遶境駐駕宮廟特色

【六大姊妹廟】

西港玉勅慶安宮

　　慶安宮位於臺南市西港區大街上，主祀天上聖母及十二瘟王。原奉祀隨明鄭軍隊來臺之「城隍境主」及「中壇元帥」，至康熙五十一年（1712）正式改建為廟宇後，改祀源自古鹿耳門天后宮之媽祖，並稱「慶安宮」。清乾隆四十九年（1784），接替八份姑媽宮承辦每三年一次的王醮刈香遶境，稱為「西港仔香」，迄今（2012）已舉辦七十七科（約二百三十餘年），故被稱為「臺灣第一香（路）」，並於民國九十八年，由行政院文建會指定為國定重要民俗活動。

西港玉勅慶安宮往鹿耳門天后宮請媽祖

西港玉勅慶安宮

大內石仔瀨天后宮

　　「石仔瀨天后宮」天上聖母為明永曆十五年（1661），由隴西南靖之楊姓先祖隨延平郡王來臺。迄清光緒三年（1877），始由總理楊聯鳳等倡建宮宇，光緒六年（1880）落成，初名為「泰安宮」；日治時期曾改名「泰安禪寺」，以為躲避日人皇民化運動。光復後，再改回原名「泰安宮」；民國五十三年因白河大地震，導致廟貌龜裂安全堪虞，而於民國五十九年復重建並易名為「天后宮」。目前廟內存有光緒六年（1880）由總理楊聯鳳等敬獻之「湄島生靈」一匾及古「泰安宮天上聖母」石爐一只。

大內石仔瀨天后宮

大內石仔瀨天后宮媽祖神尊
／鹿耳門天后宮提供

安定許中營順天宮

「許中營」舊稱「海中營」，
而順天宮為其信仰中心，主祀天上聖
母。清光緒二十五年（1899）由村民
發起興建公厝；民國三十六年增建前
殿，民國六十三年重建為現貌，並與
「趙府元帥」（即三國趙子龍）同為
鎮殿神尊。目前宮內存有一只將近百
年的石質香爐，以及天上聖母專用之
古式八抬大轎。庄內有成立一支「宋
江陣」，作為參與媽祖遶境時的專屬
陣頭之一。

安定許中營順天宮

安定後堀潭湄婆宮

湄婆宮位於安定區蘇林里，主祀之天上聖母據傳為明永曆十五年（1661），由先民奉請來臺；至清康熙五十九年（1720）始由庄民於嶺頂發起建廟；乾隆三十六年（1771）遷庄至今址重興「湄婆宮」，現廟貌為民國七十七年重建。「後堀潭」昔時為安定頂八庄之一，而湄婆宮天上聖母亦為此地區居民之共同信仰，目前宮內尚存有一只清康熙六十年（1721）之石爐以及一頂當年隨媽祖渡臺之大轎，堪稱「鎮宮之寶」。

後堀潭湄婆宮正殿內神轎和古爐

後堀潭湄婆宮

善化茄菝天后宮

　　明永曆十五年（1661）先民曾順，自湄洲迎奉天上聖母金身來臺，並至今茄菝現址建一草茅供奉；清康熙九年（1670）由先民發起改建為磚造廟宇，至清雍正十一年（1733）因廟貌破損不使用，於現址再重建，爾後歷朝均有修建；民國四十七年，始重建為現貌，並於民國八十一年增建鐘鼓樓及金爐。每三年一次，皆會前往「鹿耳門溪」請水，並遙祭湄洲天后祖廟，藉以延續傳承先民拓荒不忘本之精神。

善化茄菝天后宮媽祖金身
／鹿耳門天后宮提供

善化茄菝天后宮
／鹿耳門天后宮提供

安南新寮鎮安宮

　　鎮安宮位於臺南市安南區，主祀之天上聖母，可溯自清朝康熙二十六年（1687），由開臺先祖鄭獻祥，自泉州府南安縣水頭鄉奉請聖像來臺，嘉慶十八年（1813）由鄭、謝、林、黃、陳等姓族人，移住現址從事拓墾，並稱為「新寮庄」。咸豐元年（1851）地方發起興建公厝奉祀；日治昭和四年（1929），再擴大規模始稱「鎮安宮」，至民國五十八年（西元1969年）再度重建為現貌，民國九十一年，有鑒於廟體經多年風化，恐危及信徒安全，自費進行修護計畫，立下保存文化資產的最佳典範。並曾於民國九十二年與社區發展協會共同執行「新故鄉社區總體營造計畫」，對於推動文化保存極盡心力。

新寮鎮安宮二媽

新寮鎮安宮媽祖

　　活動前一晚八時許，擔任先鋒、護駕及副帥之職的宮廟，率先至廟前報到，並於子時，由開基媽親自降駕，頒授各宮所屬的銅牌劍印。而其它參與的宮廟，也陸續在凌晨二時許前來報到，並於上午五時左右，在「開路先鋒」——中洲寮保安宮保生大帝的帶領下，依序出發展開為期三天的遶境。

開基鹿耳門媽

鹿耳門天后宮鎮殿媽為大型泥塑神像，其嘴唇在長年煙燻之下，依舊保持紅潤，被信眾視為神蹟

Day 1 中洲寮保安宮

　　「保安宮」主祀保生大帝，係由學甲慈濟宮分香而來，每年農曆三月十六日皆依例前往學甲慈濟宮請水、謁祖，並與鄰近庄頭輪流替學甲大道公祝壽，此例延續百年之久；在回程亦順道前往鹿耳門天后宮，恭請開基媽至中洲寮看戲，此乃保安宮與媽祖宮之淵源。日治大正十二年（1923），庄民倡議始建正式殿宇；至民國五十七年重建為現貌，民國九十七年，因廟體年久失修，再度進行整修工程，並於九十八年舉行「慶成祈安謝土」。民國九十四年的台江迎神祭，保安宮的保生大帝，更榮任「開路先鋒官」一職。

中洲寮保安宮正殿

第一天駐駕中洲寮保安宮

Day 2 海尾朝皇宮

　　朝皇宮主祀「保生大帝」（俗稱大道公），係分靈自「府城下大道良皇宮」；據傳在清道光二十八年（1848），吳姓漁民自下大道良皇宮迎請一尊保生大帝至海尾寮供奉，至咸豐三年（1853），被良皇宮發現為遺失已久之神像，遂與庄民商討後迎回；後本庄信士自行雕塑「開基公祖」金身，並前往「下大道良皇宮」分取香火。光緒四年（1878），由吳椪舍等人發起興建公厝，並取名「朝皇堂」；民國四十年依址重建並更名為「中山堂」。民國六十一年重新修建新廟，並正式命名為「朝皇宮」，建築採南方式、格局以北方迴廊式呈現，漫步其間，寬敞舒暢，令人流連忘返。近年來，與臺南市社區大學合作開辦「大廟興學」，成為全臺廟宇參與成人教育的先驅者。

海尾朝皇宮正殿

第二天駐駕
海尾朝皇宮

Day 3 鹿耳門天后宮 入廟・安座

遠境第三天，約莫下午五時左右，先鋒官——中洲寮保安宮保生大帝神轎，率先回到鹿耳門天后宮，而所有參與遠境的宮廟，也於隨後依序入廟、參香。當開基媽神轎抵達媽祖宮庄時，開路先鋒前往迎接，在護駕、副帥及成千上萬的信眾簇擁下回到天后宮，並由天后宮執事人員，將神轎內的開基媽、二媽、三媽依序請入殿內安座。

這個偏遠的小漁村，隨著炫麗煙火的落下，再度歸於平靜，但台江地區對於開基媽的信仰熱情，隨著「台江迎神祭」的舉辦，將先民開發臺灣、胼手胝足所建立的台江文化，再度推上歷史的舞臺，同時也展現了安南區各廟宇的專屬文化，凸顯南臺灣新廟會文化的創新，更繁榮了台江地區的熱鬧氣氛與觀光賣點。

鹿耳門天后宮開基鹿耳門媽
／鹿耳門天后宮提供

台江迎神祭是除了繁榮地區的熱鬧氣氛，更是一場
新廟會文化的「革命」

213

其他迎媽祖
活動大觀

澎湖天后宮海上出巡
——臺灣澎湖離島行船的海上香路

媽祖在馬祖
——昇天祭

地理位置

　　澎湖古名「島夷」、「方壺」、「西瀛」、「亶州」、「平湖」。最早在四千五百年前即有人居，只是當時可能是從臺灣西南部漁民前往從事漁撈活動的短期居住地。九到十世紀時（大約中國唐末或宋初）才開始有漢人在島上定居生活。中國文獻對澎湖最早的記載出現於南宋，樓鑰（1137-1213，南宋詩人）《攻媿集》卷八十八〈泉州知府汪大猷行狀〉即提到：「乾道七年（1171）四月，起知泉州，到郡……郡實臨海，中有沙洲數萬畝，號平湖……」，文中並描述汪大猷為保護在平湖的漢人不被毗舍耶人（臺灣原住民）所劫掠，在平湖造屋二百間遣將駐守。平湖與澎湖在閩南語中發音相近，學界普遍認同平湖即澎湖。由此可知中國最晚在南宋時已派兵駐守。元朝時，隨著移民日益增多，設置了巡檢司；此外十五世紀永樂宣德年間，鄭和下西洋時留下的鄭和航海圖中的平湖嶼即是澎湖群島。

《澎湖廳志》繪載之澎湖全圖／引自《澎湖廳志》

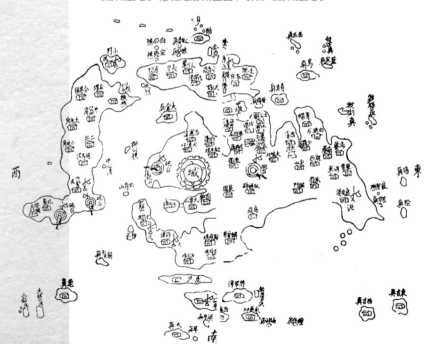

澎湖四面環海，島嶼羅列，過去在清領前期，舊稱為媽宮城的馬公市區可說是臺灣最早的漢人聚落所在地。而清光緒十三年（1887）時修建的城牆和城門，經過百年歲月之後，現僅存大西門、順承門（小西門）。此後在日大正十年（1921）的改正下轉稱為「馬公」。十六、七世紀大航海時代裡，澎湖曾經璀璨地躍上國際舞臺成為歐洲殖民帝國眼中的東方明珠，更是國姓爺鄭成功在帶領反清復明大軍延續明朝正朔時的跳板。因此數百年來亦見證了世紀滄桑，如明朝都司沈有容諭退荷蘭將領韋麻郎、國姓爺鄭成功在此雲集大軍兵發鹿耳門攻打熱蘭遮城、清朝水師提督施琅與昔日同袍明鄭統帥劉國軒的澎湖海戰、法國艦隊統帥孤拔以及日軍司令官伊東祐亨先後攻占澎湖為基地，進而封鎖臺灣等諸多歷史風雲，足證澎湖群島在地理上實為臺灣的門戶鎖鑰。

1930 年代馬公港／胡文青提供

澎湖天后宮的歷史與建築風貌

　　澎湖因為是個海島，居民多半從事漁業生活，面對著變化無常的海域及澎湖自然環境影響，只好依靠神明寄託心靈，於是澎湖民間宗教遠比一般陸地蓬勃發展。

　　《澎湖志略》中有載：「關帝廟、天后宮、真武廟、水仙宮，俱在協營。」又說：「按天后即媽祖，康熙二十三年六月靖海侯施琅奉命征鄭克塽，取澎湖；入廟拜謁，見神衣半濕，始知實默佑之。又師苦無水，琅禱于神，井湧甘泉，數萬師汲之不竭。今其井尚存，名曰大井。及行，恍見神兵導引；至鹿耳門，水漲數倍，戰艦得逕入，賊驚奔潰。琅上其事，奉詔加封天后。雍正四年，奉旨賜「神昭海表」匾額。雍正十二年，余請于上憲，與關帝廟春秋祭祀，俱取之正供云。」清康熙二十二年（1683）福建水師提督施琅率軍攻臺，在澎湖擊敗由劉國軒率領的明鄭海軍主力，

1930 年代澎湖媽祖廟／胡文青提供

明鄭隨後便即投降。施琅將一切功勳歸因於媽祖的庇佑，並奏請康熙皇帝敕封其為「護國庇民妙靈昭應仁慈天后」，康熙在康熙二十三年（1684）准奏，並派禮部郎中雅虎專程來澎湖致祭，將媽祖封為天后，並改天妃宮為天后宮。可見早在康熙二十三年澎湖天后宮已經具備完整宮廟的型態，且在雍正十二年已正式成為官方祭祀之廟宇。

澎湖天后宮相傳創建於明萬曆二十年（1592），可說是全臺創建最早的媽祖廟，現屬國定古蹟。原稱「娘媽宮」，座落於馬公市中心，馬公市早期的地名叫媽宮，便是由此而來。澎湖天后宮曾歷經多次重修，風水格局為坐北朝南，建築有前殿、正殿及清風閣三進並帶有左右護龍，依地勢節節升高，主體結構為大木造的檜木梁柱，殿內的木雕、木作、鑿花、彩繪、石雕、泥塑、剪黏均保有傳統工藝特色，八卦型的臺階也極為獨特。天后宮修復案民國一〇〇年七月由澎湖縣政府發包施工，修復過程曾被網友戲稱：「臺灣古蹟變希臘古蹟」，但負責修復工程的張玉璜老師亦提出一個很重要的觀點：「這牽涉到工法的傳承」，張玉璜老師經過詳實的考證，將三十年前用水泥砌成的屋頂再度改回紅磚瓦等，值得我們期待這次的修復。

澎湖馬公天后宮

澎湖天后宮媽祖出巡由來

　　民國七十五年，由南甲海靈殿承辦澎湖天后宮首創媽祖海上遶境，媽祖巡海之舉立刻轟動臺澎，因此連續舉辦八次海上遶境活動，並獲得全民肯定。當地籌辦之初咸以為一般漁民及信徒對天上聖母在海上現身救難的事蹟已漸漸淡忘，又有感於全澎漁業不景氣，亟須祈求天上聖母佑助，因而舉辦此項活動，藉以喚起信徒及民眾的崇拜，挽救媽祖香火衰落的頹勢。一般「討海人」最信仰、崇拜的就是海上守護神——媽祖，所以媽祖出巡遶境，理應以出巡海域為主。又有在地的船長就澎湖的氣候、潮流、沿海航道等提供寶貴意見，最後乃由漁船信眾較多的海靈殿承辦，其他馬公市各大寺廟協辦。於是四百年來首創的天上聖母出巡海域之廟會活動乃在民國七十五年四月十九日（農曆三月十一日）隆重揭幕舉行。

　　八次媽祖海巡活動分別於民國七十五、七十六、七十七、七十九、八十、八十一、八十四、八十八年舉辦，並非每年舉行，每年路線也不盡相同，但範圍可說是逐漸擴大到全澎湖海域，更有臺灣本島的北港朝天宮、基隆、臺北、花東等地廟宇跨海來澎湖共襄盛舉。由於盛況空前，因此吸引了海內外各種媒體爭相以海空聯合採訪攝影，漸漸打開澎湖媽祖海巡的知名度。

澎湖馬公港

① 啟程

　　澎湖四面環海，島嶼羅列，居民多以捕魚為生。而討海的人，最敬仰、崇拜的就是他們的守護神——天上聖母（媽祖）。所以澎湖天后宮的媽祖出巡，以浩蕩的船隊繞巡各村港口，然後再回到陸上遶境。而活動在司令官參拜後，立即揭開兩天的海上出巡大典。活動開始前會先舉行祭海、升帥旗等儀式；完畢後，聖駕便由第一漁港碼頭啟航，海上遶境的活動也就此開始。航程共分為兩日，每一日有既定繞行的港口路線，聖駕於晚間會返回馬公港，於次日清晨再行出發第二天的繞巡路線。總計要繞巡四十六個港口，幾乎是除了航程較遠的望安及七美之外，澎湖所有港口都會巡遍。

② 海上出巡

　　活動舉行當天一早，陪同媽祖出巡海域的馬公市廟宇菩薩，包括南甲海靈殿（承辦單位）、火燒坪靈光殿、重光里威靈殿、西衛里宸威殿、紅毛埕武聖廟、北甲北辰宮、東甲北極殿（以上稱為七保聖神）與觀音亭、城隍廟等。各單位旗班及工作人員齊到天后宮報到並請神入宮祀茶。在防衛司令官與天上聖母出巡籌備會主委上香後，各單位代表也依序參拜，接著請令起駕。聖母神像乘坐金鑾輿，千里眼、順風耳隨

1930 年代澎湖觀音亭／胡文青提供

航程由澎湖馬公港啟程繞巡四十六個主要港口

侍在側，在各廟宇的千歲、王爺等神明陪同下，鑼鼓喧天、鞭炮齊鳴，浩浩蕩蕩的由天后宮出發前往商業碼頭，展開了為期兩天的海路出巡大典。

近年來，已連續數年由民間舉辦的媽祖海上遊行活動，對於過去各廟會只著眼於陸上遶境，不啻是一項宗教活動的創舉。兩天出巡，走過四十多個港口，所到之處民眾均熱烈歡迎，這對於近數十年香火略為衰落的天后宮而言，已大大的提高了媽祖在民間之信仰地位。由於澎湖是一個四面環海的離島縣市，在提倡觀光事業的聲浪中，自然應以澎湖的海上活動特殊資源為主體。而媽祖巡海，在臺灣各項民俗廟會活動中，既然是一項兼具祈福與觀光特色的創舉，應持續不斷的舉行。而各遊艇公司更可大肆宣傳此項活動，在海上安全無虞的前提下，招攬觀光客隨船隊海上遊巡，一方面遊覽澎湖海域，不但使之飽覽海上風光；另一方面也祈求觀光客在媽祖庇佑下能快樂出遊、平安回家。倘若能年年舉辦，澎湖縣的觀光事業或能進入一個新的境界，這也將是媽祖出巡海域活動另一更具實質的收穫。

活動儀式過程約略如下：凌晨五點在聖駕出海前，會先舉行祭海、升帥旗等儀式；七點整，聖駕便由第一漁港碼頭啟航，海上遶境的活動也就此開始。航程共分為兩日，每一日有既定繞行的港口路線，聖駕於晚間會返回馬公港，於次日清晨再行出發第二天的繞巡路線。總計要繞巡四十六個港口，幾乎是除了航程較遠的望安及七美之外，澎湖所有港口都會巡遍。

地理與地形

　　馬祖列島屬於福建沿海的一個群島（屬中華民國福建省連江縣），位於臺灣海峽正北方，面臨中國大陸閩江口、連江口和羅源灣，最近中國大陸點約 9.5 公里，僅一水之隔。主要島嶼有南竿島、北竿島、高登島、亮島、東莒島、西莒島、東引島（中華民國駐軍最北邊的點，有國之北疆的美名）、西引島（又名清水島），加上其附屬小島共計三十六個島嶼、礁嶼組成，列島面積共約 28.8 平方公里。

　　列島的陸域面積為 29.52 平方公里，全縣各島海岸線總長為 133 公里。全島地質條件上為花崗岩錐狀島嶼，地勢起伏大且陡峭。地形多谷地、灣澳，海岸地區花崗質岩石，長年受風化及波浪侵蝕作用，多崩崖、險礁、海蝕洞、海蝕門等地形，部分灣澳地區經過沖積與堆積作用形成沙灘、礫石灘、卵石灘。

媽祖升天祭祀大典

馬祖島上的信仰由來

　　關於「馬祖」的命名，依《連江縣誌》記載，相傳宋時，福建省興化府莆田縣湄州島東螺村，漁民林愿之六女默娘，秉性嫻淑，事親至孝。某日父出海捕魚，不幸遇風罹難，默娘痛不欲生，乃投海尋父，卒負父屍漂流至南竿島。鄉人感其孝行，厚葬立廟祭祀，尊稱為媽祖，並以其名作為列島總名以示紀念。至於「媽祖」如何變成「馬祖」，普遍則有兩種說法，一說是為避媽祖名諱，乃改為「馬祖」，另一說則是軍管時期，軍方認為「媽祖」無法突顯出戰地前線精神，故去「女」字邊，增加剛猛之氣。

　　但這種浪漫的說法，卻大有商榷的餘地。另有學者考據，在清朝甚至是宋朝的文獻中，就稱南竿為「下竿塘」或「南竿塘」，北竿稱作「上竿塘」或「北竿塘」。直到二次大戰時，日本人到了馬祖澳時，指著天后宮問地名，當地百姓誤會了意思而回答「媽祖」，就這樣陰錯陽差的變成馬祖。而國軍在民國三十八年撤守大陸時，在馬祖成立了「馬祖守備區指揮部」，後來就真的成了「馬祖」。馬祖作為官方行政區名稱應是近年來之事，而《連江縣誌》所謂「馬祖島原名南竿塘，而列島以『馬祖』為名，係始於宋代。」此一說法，顯然在歷史考據上有待商榷。

南竿馬祖村天后宮媽祖升天祭祀大典

馬祖境天后宮「瀛海慈航」牌匾

　　但不可否認，浪漫淒美的傳說其來有自，根據清初《使琉球記》中記載，宋朝福建湄洲的孝女林默（人稱媽祖）二十八歲時，因父兄駕船駛至閩江口海域，突遇巨風大浪，船毀人溺，媽祖得知，飛身入海拯救父兄。但林默因而罹難這是不爭的事實，傳說遺體當年隨海漂流至閩江口附近的小島（有可能是今日馬祖的南竿），被漁民打撈上岸，並將她葬在海岸邊（即馬港天后宮位置）。湄洲鄉親不見媽祖下落，認為她羽化昇天成仙，遂建湄洲媽祖廟作為紀念。馬祖人則認為，媽祖葬於現今馬祖南竿馬

昇天祭祀大典活動

港天后宮宮內的靈穴石棺中，且興廟供奉，相傳至今。馬祖列島因此被視為是造物者所滴落的眼淚，這個島因而被稱為媽祖島，爾後又改為馬祖。馬祖地名因此而來，媽祖也成為馬祖居民最重要的信仰。

南竿天后宮與媽祖昇天祭

　　相傳媽祖生前入海營救父兄不幸罹難之遺體，即漂流至今南竿馬祖村澳口處，千年來香火鼎盛，並分布於四鄉五島，為居民最主要之信仰中心。媽祖巨神像完工於民國九十八年十月，為當時世界最高的一座媽祖巨石神像。媽祖巨神像共由 365 塊花崗石建構而成，取其媽祖庇佑眾生「365 日、日日平安」之意，而巨神像之高度為 29.6 公尺，正好與馬祖島的總面積 29.6 平方公里相符，使得馬祖與媽祖的關係密不可分。巨神像的建造包括地點、破土、開光等都是經媽祖指示之後進行，遽聞當時會勘時發現在巨石像旁有一戰備坑道，施工單位為求施工安全，特別再向媽祖請示，經媽祖指示，確認無誤且施工必將安全無虞，而神像旁的坑道，也成了深具祈福意涵的祈福坑道。

　　一年一度的「媽祖在馬祖──昇天祭」時間在農曆九月九日重陽節，相傳是為媽祖得道升天的日子，馬祖人為感念媽祖捨己為人、普渡世間的精神，特別舉辦媽祖昇天祭，不僅希望「媽祖在馬祖」不只是口號，也讓世人感念媽祖孝順慈愛的精神。近年馬祖為發展觀光，「媽祖在馬祖──昇天祭」透過行銷包裝，已成為馬祖昇天祭園遊會，規模一年比一年大，到民國一〇二年時更配合宗教園區啟動暨祭祀大典，特邀請行政院長主持，在祭祀大典之後，還有彩繪臉譜、打擊大鼓、宋江陣兵器展示等民俗體驗，更可觀賞到二岸三地（馬祖、臺灣、大陸）的藝陣文化表演。

馬祖境天后宮媽祖神像／周志明提供

馬祖的宗教信仰

馬祖島上除媽祖信仰之外，最為普遍應是白馬尊王、五靈公信仰。尤其以白馬尊王的廟宇，在馬祖更四處可見。白馬尊王：又稱白馬三郎，為中國福建的鄉土神祇，尤以福州人最為崇信。

其神源由有兩種説法：一説「白馬尊王」是漢朝時，閩越王郢的第三子，喜乘白馬，號稱「白馬三郎」，在清乾隆年間曾有戲劇《白馬尊王》，劇情雖然是描述白馬三郎鱔溪射鱔故事，但鱔魚精卻成了龍王之女石善公主的化身，與白馬三郎有前世姻緣，在搏鬥中同歸於盡後，成為神仙眷侶，三郎被封為白馬尊王，石善公主被封為英德夫人。因此，白馬三郎又有「白馬尊王」的稱號，以後許多供祀白馬三郎的廟宇就稱為白馬尊王廟，有的廟宇還配祀了尊王夫人神靈。

另説唐朝末年時，光州固始人王審知，襲兄王信臣之職，拜威武軍節度使兼福建觀察使，後稱閩王，統治福建。又由於喜乘白馬，並於兄弟中排行第三，軍中常稱「白馬三郎」，死後鄉民立廟奉祀，號「白馬尊王」。

白馬尊王廟殿內，白馬尊王旁為其夫人神像／周志明提供

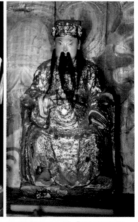

白馬尊王又稱「白馬三郎」／周志明提供

媽祖境
天后宮神轎

涼傘

馬祖境天后宮媽祖神轎

小型神轎方便抬行於島上

馬祖境天后宮遶境香爐

以香爐象徵媽祖之鑾轎

臺南市 鹿耳門天后宮

望見鹿耳春潮、府城天險、台江千帆……
回首滄桑三百年，數不盡人文盛景之美

史地之真

荷鄭時期的台江範圍北起漚汪溪口的馬沙溝島，南抵二層行溪口北岸的七鯤鯓，東畔沿岸有漚汪社、蕭壟社、西港仔堡、新港社、洲仔尾、柴頭港民社、府城，西岸為沙州連線的北汕列嶼與南汕諸鯤鯓。由荷鄭直到清道光初期約二百年，乃是「鹿耳門的黃金時期」，證之史跡彷如昨日。由一六二四年荷屬北汕尾島商館，至嘉慶初期海防同知與水師設立的鹿耳門稽查館（俗稱文、武館），在在顯示昔時台江千帆、官商巨賈，熱絡進出鹿耳門的盛況應是冠蓋全台。同治以後的鹿耳門，雖無戰艦、大船的光環，但是府城三郊另闢的「竹筏港」依然帆影點點、漁火不曾眠、熱力不減當年。

建築之美

鹿耳門天后宮於明永曆十五年〔1661年〕民族英雄鄭成功登陸後首建，清康熙五十八年由百官捐俸擴建為「天后宮」，嘉慶五年總鎮愛新泰重修；咸豐五年，臺灣總鎮府邵連科與曾元福各官暨三郊公局等商賈捐資重興；同治十年，曾文溪改道，天后宮遭沖毀，「開基媽祖」神像暫祀民家，民國三十六年再重建，民國

鹿耳門天后宮正殿前

六十六年復重建，始成今貌，全名為「鹿耳門天后宮」。鹿耳門天后宮現貌，屬南方寺廟之閩式建築代表，具備三川五門、正殿、後殿，左右迴廊貫通，一氣呵成之三殿式格局。歇山重簷、層層疊翠、水平連彩，舉凡西施脊、燕尾、懸魚、馬背、剪黏、交趾燒、藻井，或彩繪或石藝或木雕等等作品，藝術光華環繞處處空間，令人目不暇給、嘆為觀止。

新建之鹿耳門公館

人文之善

「鹿耳門」有著特定的歷史地位，登此一遊，是回到臺灣歷史的現場、回到臺灣新廟會文化的搖籃。鹿耳門天后宮由於歷史悠久，媽祖威靈顯赫，常年有大批男女信徒從全國各地前來進香膜拜。而從 1984 年起舉辦之臺灣首次「羅天大醮」、遙祭湄洲媽祖、模擬鄭成功登陸、以至於連續二十多年自發性的文化季活動，其間不斷地追求建立臺灣新廟會文化，重生再造臺灣之門鹿耳門的特色、風格與典範，就是媽祖子民共同的最大弘願。近幾年來，鹿耳門公館的擘建，功德碑林的完成，大山門的重興，網際網路的設站，叢書、專輯、農民曆、紀錄影片、錄音帶等文化資產的出版，以及文教基金會的成立，長期訓練培植國小國樂團與新廟會文化義工隊等，對於未來的轉型與再轉化，希望能在總體規劃的藍圖中，一步一步落實起來。

鹿耳門公館
功德碑林

自然之美

鹿耳門天后宮得天獨厚，有著鄭成功登陸的歷史古航道 ── 鹿耳門溪，加之台江、四草湖、竹筏港等歷史現場與現在的野生動物保護區，天然資源豐富，魚蝦貝類、紅樹林、野鳥、招潮蟹等，確是一處良好的戶外「生態教室」。鹿耳門溪，古來府城天險，鹿耳連帆、鹿耳春潮、鹿耳沉沙更是著名勝景，早享美譽。

鹿耳門天后宮

曆年所舉辦新廟會文化活動，如封印大典、年夜祭、祈年大典、清黚報春、迎喜神、媽祖祭、賜通寶、龍抬頭、點燈祈福等，深得民眾的支持。而文創吉祥品：平安吊飾、許願牌、通寶等，更是受到民眾喜愛。

地址：709 臺南市安南區媽祖宮一街 136 號

電話：(06)2841386-7　　傳真：(06)2840317

網址：www.luerhmen.org.tw

信箱：service@luerhmen.org.tw

許願牌是鹿耳門天后宮的文創祈福吉祥品之一，受到信眾的熱烈迴響，掛滿正殿前的龍柱上

國家圖書館出版品預行編目資料

圖解臺灣迎媽祖 / 吳漢恩 , 楊宗祐作 . -- 初版 . -- 臺
中市 : 晨星 , 2014.03
　　面 ；　公分 . -- (圖解臺灣 ; 3)
　ISBN 978-986-177-819-8(平裝)

1. 媽祖 2. 民間信仰 3. 臺灣

272.71　　　　　　　　　　　103000491

圖解臺灣　03

圖解臺灣迎媽祖

作者	吳 漢 恩　楊 宗 祐
主編	徐 惠 雅
執行主編	胡 文 青
美術設計	張 凱 揚
插畫	許 芷 婷

發行人	陳銘民
發行所	晨星出版有限公司
	台中市 407 工業區 30 路 1 號
	TEL：04-23595820　FAX：04-23550581
	E-mail：service@morningstar.com.tw
	http：//www.morningstar.com.tw
	行政院新聞局局版台業字第 2500 號
法律顧問	甘龍強律師
初版	西元 2014 年 3 月 23 日
郵政劃撥	22326758（晨星出版有限公司）
讀者服務專線	04-23595819#230

印刷	上好印刷股份有限公司

定價 450 元
ISBN 978-986-177-819-8
Published by Morning Star Publishing Inc.
Printed in Taiwan